U0058015

二十一世紀
的終身學習

王惠芝 · 林震岩 · 陳玉台 · 楊嘉麗

合著

作者簡介

王惠芝

學　歷

美國堪薩斯大學課程教學博士

美國堪薩斯大學教育行政碩士

國立台灣大學外國語文學系學士

經　歷

私立中原大學語言中心專任副教授

行政院青輔會研究員

私立中原大學語言中心兼任副教授

林震岩

學　歷

國立政治大學企業管理研究所博士

國立政治大學企業管理研究所碩士

國立台灣大學資訊工程系學士

經　歷

私立中原大學推廣教育中心主任

私立中原大學企業管理學系教授

陳玉台

學　歷

私立中國文化大學中文研究所博士

國立台灣師範大學國文研究所碩士

國立台灣師範大學國文系學士

經　歷

台北市立中山女子高級中學國文科教師

私立中原大學通識教育中心副教授

私立中原大學人文與教育學院秘書

楊嘉麗

學　歷

美國威斯康辛大學斯道特分校食品營養系碩士

國立台灣師範大學家政系學士

經　歷

私立中原大學應用外語系語言中心講師

編者的話

　　本校在前校長張光正博士任內，向教育部提出一項四年的研究計畫案「天、人、物、我的全人教育——學習社區總體營造與標竿之建立」，而後張校長因任滿借調至明新科技大學，該研究案便由前人文與教育學院院長林治平教授負責，及林院長去年退休，研究案再度易手，目前由人文與教育學院院長黃孝光教授主持，主持人員雖然一再更迭，但研究案之其他老師均能一本張前校長及林前院長當年精心規畫的架構，繼續在其所樹立的根基上更上層樓。

　　《二十一世紀的終身學習》一書為此研究案之部分成果，本書作者及三位合著者皆於中原大學任教，彙集多年教學的經驗與專業領域撰寫此書，全書共計七章，第一章為〈成人學習理論之探索〉（王惠芝）；第二章〈終身教育在台灣發展之現況探討〉（陳玉台）；第三章〈美國的成人教育〉（楊嘉麗）；第四章〈終身教育之實例探討——以中原大學為例〉（王惠芝、陳玉台、楊嘉麗）；第五章〈社區大學的發展與經營〉（林震岩）；第六章〈大學推廣教育的規畫與經營〉（林震岩）；第七章〈終身保健〉（楊嘉麗）。作者以理論與實務並重的方向撰寫，盼望能提供讀者更全面且具體的了解「終身學習」落實健康維護。

　　本書接受中原大學教學資源製作專案經費補助及圖書館人士們各方面的幫忙蒐集資料，而得以順利成書，並於九十四年三月底完成初稿，由心理出版社出版。

楊嘉麗　2005 年

於中原大學全人教育村

Contents

| 目錄 |

第一章

成人學習理論之探索

王惠芝

第一節
終身教育與成人教育

　　二十一世紀的台灣社會，無論在政治、經濟、文化及教育等方面，都正經歷著快速的轉變，變化之劇烈，恐是前所未有。面對這無所不變，正以加速度向前奔馳的現代社會，現代人充分認知到學習的重要性。求變、求新，既已成為現代生活的通則，終身學習及成人學習的概念在廣泛推行之時，亦有被釐清之必要。

　　「終身學習」一詞在英文中是 lifelong learning，而德文則是 lebenslanges Lernen（吳明烈，2004）。兩種語言中相同的詞彙皆意涵實務性的學習。終身學習不是口號，也不是抽象的概念或哲學性的思維邏輯。終身學習代表著個人在其一生，由幼及長，由長至衰老及至死亡的過程中，不斷在學校、在工作場所、在日常的生活環境裡實際的自我成長過程。

　　國內知名成人教育學者黃富順等（2003）指出，終身學習的概念含括繼續教育、回流教育及成人教育。無論是以何種名詞來定義的終身學習，其主要內容都包含幾個基礎：

　　1.學習者是教育的主體：學習的宗旨、目標及所有課程（正式及非正式）的設計，均以學習者為主體來設計。學習能豐富個人的生活與生命，終其一生，此一原則不會改變。

　　2.學習活動並不局限於教育情境中，生活結合學習，學習融

入學習者的生活中，因此教育情境常不限於特別營造的硬體設備中，教學內容更不限於認知領域的智性成長。

3.學習本身即時、即刻、永無止盡。

二十一世紀的終身學習不僅是終其一生之長度（life-long），同時也是終其一生之廣度的全面學習（lifewide learning）。只要學習者個人有學習需求、學習動機及學習的動作（action），學習便是一件充滿趣味、有成就感，並能滿足個人自我心靈成長及專業成長的延展工作。終身學習是個人在人生不同的階段為自己規畫出的不同藍圖，其中有個人理想的願景（不論是在情意領域的個人心智成長或是動作技能領域的技巧愈趨嫻熟，抑或是認知領域的個人專業知識與能力的進步）要達成，靠的是一套完善的實踐行動及架構。在積極實踐中，個人才能不斷求新知、求改變，不停地提升自己在身、心、靈三方面的層次。

因此，終身學習一般分為正式在學時期之學習（school-aged learning）及進入職場後之在職進修（inservice training），或個人基於其不同生涯發展階段而規畫的學習生活（developmental learning）。通常個人在二十五歲以前，所接受的多為正規教育，由小學、中學、大學至研究所，屬於 school-aged learning。二十五歲之後，再回學校修讀學位，則稱之為非傳統式在學生（non-traditional students），這時可能已結婚成家，白日工作，因此選課不多，修課時段以夜間所開課程為主，也較少意願參與

學校社團，與班上同學互動較不易，所修課程完全以學位所需為主。

但也有許多非傳統式在學生之所以願意再回到學校或推廣教育場所去學習，並不完全因為學位或證書；而是因為他們的學習需求歸屬於情意領域，重視的是自身興趣的培養及人文素養的追求，甚至是個人在心靈層次的成長。這些人充分認知學習的本質，並徹底實踐活到老學到老的人生哲學。他們有堅定的毅力去學習，相信學習永不嫌太多、永不嫌太晚、永不嫌太遠、永不嫌太忙、永不嫌疲倦、永不嫌無趣、永不嫌麻煩。他們相信人一生的歷程如同一潭流動的活水，快樂人生的秘訣來自於行動者「要活就要動」的實踐哲學，唯有死水才乾涸，源頭活水永遠充滿生命活力。一個不斷尋求自我提升、自我更新的學習者，一生都有追求不盡的學習目標，學習過程中縱有高峰或低谷，但沒有終點；不斷學習的人生，才真是有意義的人生。

總而言之，個人在其二十五歲後，人生不同階段基於智性、理性及感性的需求而參與的多元化學習活動及學習進修，可歸屬於成教範疇。學齡時期在正規學制中習得的抽象概念、邏輯思考能力，整合了成年後真實人生的生活經驗，使得成人學習精采而豐富。

第二節
成人學習之發展特性

迟至一九五〇年代中期，西方成人教育學者一直仰賴心理學及教育心理學領域的研究來發展其成教理論。但是隨著此一領域的發展，成教學者愈來愈認知到成人學習與學齡期間一般青少年的學習發展是不相同的。以往的成教學者依循一般教育模式去探討學生的學習策略、學習態度與動機，教材之設計及教學策略也比照一般教學教法來進行。成人學習者的特殊求學背景、學習時間的安排、學習效率的掌握、學習行為的展現等，均與青少年期大不相同；成人學習的本質事實上與school-based的基礎教育完全不同（Merriam, 2004）。

自二十世紀中葉以後，西方成教學者積極進行成教理論發展、課程教學模式探討、課程方案規畫及成人學習者之需求分析、學習成效評估，迄今為止，已頗有成效。

首先，成教學者承認學習奠基於不斷地練習，不論是反覆背誦或是持續練習之技巧，學習總要見其成效；然而對於成人學習者而言，學習之過程即是學習者本身不斷自我發展的過程（learning process is the developing process of self）。學習的成效也許不能立竿見影，學習過程中階段性的提升即已滿足學習者在該一人生階段的需求。

　　依據皮亞傑（Piagetian theory）的個人發展理論，成人學習確已超出形式運思（formal operation）的階段，但成人學習者的學習進展仍然一步步隨著生命的腳步往前推展。因此成教學者認為，成人之學習此一領域自有其特性。成人在社會上為求生存，不斷調適自己，使自己有能力愈年長愈成熟，愈有生存能力。

　　葛佬特（Granott, 1998）在其研究中指出，對於成人學習者而言，發展學習是一種 Micro development 的過程。Micro development 是在極短時間內的學習，在幾週、幾天甚至幾小時之內，學習快速的發生。而學習的內容並不淺顯、易學，自有其知識層次的快速成長。

　　成人學習不須等待，時效性往往是成人學習的基本要素。成人學習不是單一面向（one-dimensional），往往是多重、多樣、多層次（multiple and diverse level）的學習。來自生活中的體驗、社會上的歷練，與周遭同儕的人際互動，都強化了學習者本身自我掌控學習機會，決定學習活動參與，做自我學習選擇以及擅於主動學習的自我能力發展。

　　葛佬特及其他的成教學者，如馬丁（Martin, 1988），曾進行成人合作學習的研究，發現成人學習雖然可能在極短時限內產生，但涉及深度學習時，若有下列特性做輔助，是在其正面發展上有影響的。

- 時間的特性——成人學習常被視為須速食化，但要持之以恆地不減其學習熱忱，成人學習者也應該給予自己足夠的

學習時間，建構自己內在的學習動機與對知識的深度了解。

- 環境的特性——提供成人學習者結合其興趣、動機，能真正投入學習的環境。

- 自發的特性——允許成人學習者針對自己的目標、問題、需求、學習習慣與策略等方面來做自發性學習。

- 挑戰與支援的特性——提供成人學習者充滿學習機會但具有挑戰性的學習課程與學習架構。

　　如何能符合成人學習理論中 Micro development 的快速學習特性，又能幫助學習者做深度學習？成人學習者比青少年學生們更要具備自我學習能力的掌控性，也更需要有良好互動的合作型人際關係。正如教育部在二〇〇〇年終身教育白皮書中所提及，終身學習者一定要有「學會做事」、「學會追求知識」、「學會自我發展」及「學會與人相處」的四大能力，否則成人學習者的自我發展與其學習歷程便不能統整。

　　成人學習理論中，教學者所扮演的角色極為吃重。教學者提供學習環境，了解成人學習者其個別差異的學習特性，組織豐富多元而能適應差異性的教材來進行其成人教學。如何引導成人去組織自我的知識學習，滿足其在不同領域的技能或情意需求，在在挑戰成教學者。

第三節
成人學習理論之探討

成人學習理論的發展，由來已久，其中最廣泛為大家所熟知的是 Andragogy。Andragogy 這個名詞意指成人學習的藝術及技術。有別於 Pedagogy，專指孩童及青少年的教導；Andragogy 的重點，簡單而言，在於如何去幫助成年人達到其學習目標。

西元一八三三年，德國教師坎普（Alexander Kapp）使用了 Andragogy 這個名詞，其後，薩維恩（Dusan Savicevic）注意到 Andragogy 這個名詞可往上追溯至希臘羅馬時代，儘管遲至十九世紀及二十世紀初在歐洲才廣受注意。至一九二七年，林德曼（Lindeman）及安德生（Anderson）兩位學者共同沿用 Andragogy 這個名詞，唯前者之後並未詳加解釋，亦未再使用 Andragogy 來稱呼成人教育，因此由安德生將 Andragogy 之成人學習概念引介入美國學界；遲至一九七〇年代，才由知名成人教育學者諾爾斯（Malcolm Knowles）正式將 Andragogy 理論發揚光大。

Andragogy 作為成人學習理論基礎之一，其所蘊涵的內涵可以分為下列幾部分（Knowles, 1990）：

1. 成人學習以自我導向的學習型態為主。成人（通常定義為二十五歲以上的學習者）的生活型態較複雜，生活方式較多

元,生活經驗較豐富;多數已進入職場,生活中需要擔負的責任亦更為多樣性。他們回到學習情境的動機及需求都與學生時代不盡相同。因此,他們對於學習內容的安排、教學活動的設計、課程的規畫等方面,均可能極有獨立的自我概念與自我的主觀想法,甚至企盼能參與課程規畫與運作。

2. 成人學習的評鑑標準以學習的過程評量為主。傳統式的紙筆測驗未必適合成人學習者。成人學習者較重自我的學習滿足感,學習過程中能不斷挑戰他們的思考能力、探索能力、自我省思能力或是溝通表達能力,較能激勵他們做深度的探詢與思考。

3. 成人的學習經驗應是資產,不是包袱。成人學習者每人身上均或多或少擔負了一個包袱(individval bag);這個「包袱」不見得是學習者向上提升實力的負擔,反而應是其日後終身學習,做更深進修時的寶貴資產。若能巧妙地截長補短,新、舊知識產生激盪,學習者過去的學習經驗正是落實新知識、新技巧的銜接點。生活即學習,學習自能升啟生活的新介面,成人學習者有計畫地將經驗導入學習生活,即能融會貫通,銜接理論與實務。教學者若輕忽成人學習者自身的經驗,即會流於事倍功半,不易達成有效教學的目的。

4. 成人學習以實務導向為主,學習的需求與己身所要適應的社會角色變遷有密切關聯。成年人的學習目標及方向非常明確,需要有立即的機會印證課堂所學。成人學習者的 readiness-to-learn 若由教學者善加運用,便可滿足其渴望求知、求新、求

變、求效率的旺盛求知慾及企圖心。

　　成人學習理論學者如威爾森（Wilson, 1981）特別指出，成人學習的原則是要有實際的（realistic）課程目標、清楚載明的學習目標以及立即性的學習回饋。換句話說，多數成人學習者沒有大量的時間及忍耐力去追求形而上的哲理，他們需要的是較迅速的即時回饋。因此，課程設計者規畫成人繼續課程、推廣課程或回流課程時，仍然以提升專業（或職場）成長的認知領域及動作技能領域之技巧訓練和專業能力培養為主流。情意領域之自我成長較花時間，適合成人學習人口中需求不同的另一批人口，這些成人學習者的學習動機仍然發自內心，並不僅僅為著外在誘因。換言之，他們是真正熱愛學習、享受學習的一群人。

　　諾爾斯提倡的Andragogy雖然在成教界引領一時之風潮，但相關的討論、質疑與學術界的挑戰也從未停止過。戴文波特（Davenport & Davenport, 1985）提出疑點：Andragogy的重點到底是在成人學習理論的解析還是成人學習教學的策略？連諾爾斯自己都承認：Andragogy是一套理念架構的推論模式，它的作用在於引出更多的成人教育理論之研究。

　　Andragogy假設成人學習者都具有自動自發、自主性的學習需求，並且明白自己想學習什麼。但誠如葛瑞思（Grace, 1996）指出，諾爾斯（1975）及其支持者並未畫出一個完整的藍圖；並不是所有的成人學習者都有能力去規畫有系統的自我學習。而成

人社會中，社會的文化及其主客觀環境對成人學習者而言，無可避免地有影響力。在 Andragogy 所架構的學習脈絡中，個人如何能在社會化歷程的日漸浸淫下愈趨成熟，轉化自己成為一個自主性的學習者，有別於青少年時期被動地吸取知識，而能主動地思索、尋求、探詢自己所真正需要的學習方式，並沉浸其中，自得其樂，是非常值得今日的成教學者持續探討的。個人的生命經歷、學習經驗若都能轉化為多面向而又複雜的成人學習，經過系統化的設計，自我導向學習的確是成人教育不可忽視的一環。

近年來，整合式學習在成人教學領域也廣泛地受到注意。雷斯尼克（Resnick, 1987）區分校內與校外的學習之差別：在校內讀書，每一個人是以單一科目被評量；在校外，學習常與真實生活相結合，與他人的互動息息相關，並且常常要解決生活中的問題，每一個人皆是本身所從出的學習社區之成員，而整個學習社區成為學習者的實習場地。學習評量須因地制宜，視整個學習環境而定。

國內近十餘年來方興未艾的社區大學，提供成人學習者不同的管道，去參與他們真正有興趣學習的課程與活動，有別於為就業、為升遷、為轉業、為考證照而就讀的進修計畫。這也正是國內成人教育蓬勃發展之下所提供的多元選擇。

然而，國內成人學習者進修的管道雖多，在課程規畫及評鑑方面卻少見相關文獻探討。事實上，成人學習是一種需要有教學者與學習者由互動互助而建立彼此間互信的學習歷程。以 Andragogy 為例，諾爾斯為主的成人學習理論探索者強調，成人學習者的學習經驗與其社會化過程及自身歷練密不可分，主要是為「當下」，而孩童及青少年基本上是為未來做預備；因此成人學習更加地自我導向。學習者個人有進修的需求，學習的動機強烈，目標清楚，能夠獨立而繼續地學習。唯學習者本身需要有極強的自我意志力，克服學習歷程中主、客觀環境上可能面臨的困難，配合自身有效的學習方法，才能完成就學目標。成人學習者的學習成就，更需要成人教育工作者的妥善配搭，才能獲致。

第四節　成人學習與成人教學策略之探討

目前的成人學習場所，也就是硬體部分，幾乎都以大、中、小校園內及相關學術機構之現有設施的租借及使用為主。軟體部分的師資，則呈現多元化培育而出的現象，就其專業或專長而聘任之。課程部分，隨著教學者的多元樣貌，自然也呈現豐富的多姿多采態勢。傳統上所謂的正規式自我導向學習，可用下圖 1-1 表示之。

圖 1-1　修改自正規自我導向學習（蔡培村，1996）

此一傳統式學習模式是由教師為中心過渡至以學習者為中心的歷程。Pedagogy 討論的是以學生為中心而發展出的教學活動及學習經驗。Andragogy 則由教師中心（教師即權威）緩移至以學生自發式學習來作為課程所環繞的主題軸心。

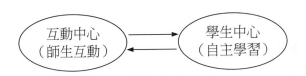

圖 1-2　自我導向學習之回饋歷程

正如諾爾斯所提出的成人教育學可分外在及內在誘因。學位、證照屬外在誘因，但成人學習者由依賴教師的知識傳遞到融合自我之經驗應用，基本上仍屬一種內化過程（internal process）。同時，依據其學習傾向及自我裝備（equipped self），成人學習者從主題中心（subject matter as the central focus）轉變為問題中心（problem-centeredness）。成人學習中知識的啟發應以幫助成人有效解決其問題為首要目標，使成人所習得之知識和技巧，能應用於其生活經驗的提升及轉化。

國科會目前在科教界所大力倡導的問題導向學習策略（problem-based learning），亦可以推展至成人教育領域。問題導向學習或簡稱 PBL，是一種近年來在國外非常受歡迎的教學策略，已廣泛應用在企管、建築、法律、工程、教育及社會科學等領

域。運用 PBL 教學策略的教師盡量減少教師一人在講台上唱獨角戲的講述時間，強調學生的獨立思考及問題解決能力的訓練。課程目標在於協助學習者經由小組互動、自由討論、知識統合的學習過程中，發展其人際溝通技巧，並打穩其知識的根基，且能在真實生活中應用課堂上習得的能力與技巧。簡而言之，問題導向學習策略有下列幾個重要概念：

1.釐清問題情境（problematic situation defined）。

2.合作學習（cooperative learning）。

3.深度探詢之問題討論（probing from discussion）。

4.自我（導向式）學習（self-directed learning）。

此問題導向學習策略亦可以下列圖 1-3 來加以說明其發展及實施階段，達成自我學習的學習過程。此一問題導向學習策略之發展階段中，學習者先釐清問題情境，進入具挑戰性之問題核

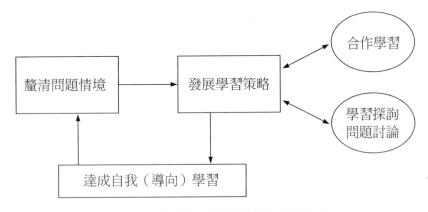

圖 1-3 問題導向學習策略之發展階段

心，經由合作學習、深度探詢的過程，再發展出解決問題之策略與能力。此一學習過程周而復始，循環不斷。

在此一問題導向學習歷程中，成人學習者常分成小組，分工合作來詮釋教學者設計後在課堂上探詢的思考題。經由討論、思辨的過程，每一成人學習者將自己的實務經驗帶入分享中，共同進行多角度思索的腦力激盪。甚至還須蒐集資料，藉由第一手（小組個別成員的學習經驗與努力）及第二手（圖書館或網路已有的資訊）資料之整合，問題情境不但被釐清，在小組互動之合作學習策略中，每一小組成員的溝通表達能力及更寬廣的思考角度、更深刻的探索精神，都能被激發。問題導向學習策略較前述之傳統式自我導向學習，更能激發成人學習者做自我思考、自我省思、自我心理調適、學習與團隊互動及提升其工作上的競爭能力。

對成人教學者而言，與成人學習者之間的互動非常重要。也許不是所有的成教課程都一定適用問題導向學習策略的問題討論法，但成人學習者過去所累積的學習經驗若不能被融入現在的進修課程，是一件十分可惜的事情。問題導向學習策略在進行深度討論時，可能耗時費力，亦可能天馬行空，然而，這也正是教學者發揮其從旁輔助的引導者（facilitator）角色之時。一個好的導引教師，引導但不完全掌控課堂討論，允許成人學習者在與人互動中又有最大的自由去尋找答案及探詢解決方案，從旁提示，使課程討論有互動但不偏離主題（Schun & Busey, 2001）；也因

此，成人學習者個人最寶貴的學習及工作經驗，在融入課堂主題的歷程中經過自然且自我的篩選，去蕪存菁，成為合作小組中可貴的資源。

迄今為止，成人教育中最為人所詬病，亟須探討的為下列兩種：(1)需求評估；(2)成效評量。

「需求評估」是現代社會科學研究必備的重要方法之一，更是教育活動規畫過程中不可或缺的程序（張德永，2002），換言之，需求評估是整體教與學歷程中的重要一環。國內目前提供成人學習者進修的管道雖多，但少有機構在規畫時便以學習者為樣本，預先做需求分析。黃國榮（1996）曾引用 English 與 Kaufman 對於教育學中的需求評估之解釋：

- 需求評估是界定課程所希望達到的終點或結果的過程。
- 需求評估是一種經驗的過程，用以界定成人教育的結果，以作為成教課程發展與比較的規準。
- 需求評估是用以減少現狀與需要或期望狀態間差距的工具。
- 需求評估探詢學習者的學習現況與過去學習經驗之關聯，為進一步之課程規畫預做準備。

需求評估可經由下列步驟達成：問卷、自我評量卷、訪談、會議、現場觀察、個案研究及資料分析等程序完成（Richards, 2001）。需求評估之分析通常可提供教學者一個全面性（comprehensive）的了解，能了解學習者的學習需求、學習興趣及動

機、學習之進展狀況等資料。

　　當成人教育學者提到「需求評估」，實應回溯至一九五〇年代中期，當馬斯洛（Maslow）（1954）提出其著名的需求層次理論，從生理需求的身體保健、心理需求的安全感、愛與隸屬感、自尊到自我實現，每一階段的個人需求雖有不同排序，但均不外乎馬斯洛所提出的這幾項重點。成人學習者對於終身的身體保健及心靈成長，都必須有了解，需要去學習。因此，需求評估實是成教學者規畫及幫助成人學習者適應人生發展各階段需求所不可或缺的要素。

　　迄今為止，成人教育的「總體成效」仍有待評估。課程與教學內容、教師與教學策略、行政支援與政策運作等方面，在在需要完整的評估。因其複雜多元的面貌，即使評估各種不同性質、不同形式的成教課程都不容易。諾爾斯及許多成教學者強調成人學習除非是課程本身性質所需，否則不應以紙筆測驗為主要的學習評量依據。他們自一九八〇年代以來，一直提倡多元化評量，其中以學習檔案評量（portfolio assessment）最受青睞。檔案評量詳細記錄成人學習者課堂上習作及小組練習之相關資料，由開始學習到學習完成的表現，逐步呈現學習階段中由淺入深的步驟，並藉一步步有計畫的整理習作及收入教師評閱之回饋，成人學習者可清楚掌握自己學習的軌跡，留下自己學習的紀錄。

　　近幾年來，整合式教學評估法（Integrated Assessment of Teaching, IAT）也應用在成人教學領域。奧斯本（Osborne,

1998）闡述整合式教學評估法（IAT）的重點如下：

- 成人教育學者認知到成人學習者的個別差異遠較青少年學生更大、更複雜。

- 在成人教育學的長期發展歷程中，質性評估部分需要加強。深度訪談教師與學生，是其中必要的策略。

- 成人學習者應認真看待評估這件事，並與同儕合作，提供實際的回饋給成教教師，幫助成教教師改進其教學成效（effectiveness）。清楚而明確可行的評估與回饋（feedback），能立即提升教師了解並協助學生學習的進展。

- 成人教育學教師之間的互動、互助與合作教學（collaborative teaching）是非常重要的關鍵。教材、教法甚至教學設計及教學進行時能相互支援，互予良性回應，成人教育學教師們便能在教學中自己也不斷成長，不斷向上提升自己的深度與廣度，完全達到教學相長的地步。

- 成人學習的場所應該是一個真正開放式的學習社區。教室建立為學習社區，教師在此社區中與成人學習者共生共長，成為真正有正面影響力的教師及輔導者。

成教教學者在其課堂上，鼓勵成人學習者發展自我評量（self-assessing）及同儕互評（peer-evaluation）的能力，提供回饋給彼此，更提供不同學習者的角度給教師，讓教師能對學生做細微而精確的視察（supervision），去幫助個別學生為自我之學習負責任，掌握學習的技巧，終生受用（Nilson, 2003）。事實

上，成人學習者如何看待自我的學習方式、學習重點、學習角度，以及如何去看待與自己有同樣旺盛求知慾或同樣進修需求的同儕，並學習給予正向回應，是成人學習者在學習過程中非常重要的功課。二十一世紀的成人學習者，人際與團隊精神愈佳，便愈能成為嚴謹自律的成功學習者。

第五節
成人學習理論之檢討與再思

　　二十一世紀以降，以諾爾斯為首，提倡Andragogy的成教學者一再被挑戰。在 Adult Education Quarterly 近年所發表的論文中，學者質疑：在瞬息萬變的今日社會，成人學習者真的知道自己想要學什麼、該學什麼嗎？成人學習者對自己過去的學習方法是否滿意？過去的學習經驗若無法做有效的自我檢驗與篩選，該如何融進新知識、新領域？Andragogy 作為美國成教學界最著名的學習理論之一，學習模式雖已確立，但仍有許多成效評量方面的問題目前尚無足夠學理支持，這也是許多成人教育學者正努力發展的領域。

　　目前，成人教育學界已有共同的認知，在其教學設計方面，愈來愈注重問題導向學習策略、同儕評量、學習者自我評量，以及教師之間的合作教學，務必從符合學習者需求的角度來進行需求分析及學習評量，期能提升成人教育的量與質，尤其是後者。

第六節
結語

　　國內目前正由傳統的成教（主要是補校教育）方式，漸擴充至正規體制下的推廣教育、繼續教育、社區學院及公辦民營之社區大學等多樣面貌，未來在教學、課程、師資、行政運作等方面仍然有許多值得探討之處，需待關心成教之學者來共同鑽研。換言之，未來在成人學習這一領域，仍有無盡的寶藏等待發掘，成教學者實可謂任重而道遠。

問題與思考

一、成人學習理論 Andragogy，其內涵可分為哪幾部分？分別簡述其要點。

二、成人學習之定義為何？成人學習在終身教育中之重要性為何？

三、何謂「問題導向學習策略」？如何將此策略運用至成人學習領域？

四、何謂「需求評估」？為何設計成人教育教材時需要做需求分析？

五、談談你自己對未來持續學習或進修的規畫為何？

參考文獻

1. 吳明烈（2004）。終身學習——理念與實踐。台北：五南。

2. 黃富順（2003）。社會變遷中終身學習典範的形成。中華民國成人教育學會（主編），社會變遷與成人教育（頁1-20）。台北：師大書苑。

3. 蔡培村（1996）。成人教學與教材研究。高雄：麗文文化。

4. 張德永（2002）。社區大學：理論與實踐（頁93-113）。台北：師大書苑。

5. 黃國榮（1996）。成人的心理與學習。收錄於蔡培村（主編），成人教學與教材研究（頁1-18）。高雄：麗文文化。

6. Davenport, J., & Davenport J. (1985). A Chronology and Analysis of the Andragogy Debate. *Adult Education & Quarterly, 35*(3), 152-159.

7. Grace, A. P. (1996). Taking a Critical Pose: Andragogy-Missing Links, Missing Values. *International Journal of Lifelong Education, 15*(5), 382-392.

8. Granott, N. (1998). We Learn, Therefore We are Develop: Learning Versus Development-or Developing Learning？ In Smith, M. C., & Pourchot, T. (Eds.). *Adult learning development,* N.J.: Lawrence Erlbaum Associats, Inc.

9. Knowles, M. S. (1990). *The Adult Learner: A Neglected Species*(4th ed.). Houston: Gulf Publishing, Co.

10. Knowles, M. S. (1975). *Self-Directed Learning.* N.Y.: Association.

11. Martin, F. (1988). Children, Cybernetics, and Programmable Turtle Unpublished Masters thesis. *Massachusetts Institute of Technology,*

Media Laboratory, Cambridge, MA.

12. Maslow, A. H. (1954). *Motivation and Personality.* N.Y.: Harper & Row.

13. Merriam, S. B. (2004). The Changing Landscape of Adult Learning Theory, In Comings, J. Garner, B., & Cristine, S. (Eds.). *Review of Adult Learning and Literacy.* N.J.: Lawrence Erlbaum Associates, Inc.

14. Nilson, L. B. (2003). Improving Student Peer Feedback. *College Teaching, 51*(1), Winter, 34-38.

15. Osborne, J. L. (1998). Integrating Student and Peer Evaluation of Teaching. *College Teaching, 46*(1), Winter, 36-38.

16. Resnick, L. (1987). Learning in School and Out, *Educational Researcher, 16*(9), 13-20.

17. Richards, J. C. (2001). *Curriculum Development in Language Teaching.* Cambridge University Press.

18. Schuh, K. L., & Busey, T. A. (2001). Implementation of a Problem-based Approach in an Undergraduate Cognitive Neuroscience Course, *College teaching, 49*(4), Fall, 153-159.

19. Wilson. (1981). Analysis of Inservice Edvcation Expenditures of Certified and Non-certified Teachers in Kansas, Unpublished Doctoral Dissertation, University of Kansas, Lawrence, KS.

第二章

終身教育在台灣發展之現況探討

陳玉台

第一節
我國終身教育的歷史發展

壹、民國以前的終身教育

中華民族歷史悠久，文化的發展源遠流長，終身教育的起源為時甚遠。在中國的上古史最偉大的人物首推周公，他制禮作樂，創封建與井田制度，對中國的教育影響深遠。其次是孔子，他更積極提倡平民教育，因此後世尊為「至聖先師」、「萬世師表」，他曾告訴學生子路他時刻以學習為樂：「其為人也，發憤忘食，樂以忘憂，不知老之將至云爾。」這種樂在為學，忘食忘憂，不知老之將至的生活態度，就是「活到老，學到老」終身學習的最佳典範。

漢代承秦火之後，整理古籍，普及社會教化，除官學外，還有閭里書師所設的私塾，稱為「書館」。每年正月，農事未起，十五歲以上的「成童」入館讀五經，春耕休業，到十月農事畢再入館。這就是利用業餘而設的補習學校。漢代私人講學之風極盛，如西漢的申公、東漢的馬融、鄭玄，門徒達千人以上，私塾的勢力有時候凌駕官學之上。

唐代盛世，學校制度詳備，民眾教育也很發達，大儒如孔穎

達、顏師古皆開班授徒，私人講學的風氣十分昌盛，文藝教育、書法教育，乃至醫學教育都有卓越的成就。

宋代的教育制度大都模仿唐代，地位介於官學與私學之間的「書院」是宋代重要的學校，石鼓、白鹿洞等六大書院都由私人創建，主持者均為當代學問與德望崇隆的大師，師生日以禮義廉恥相砥礪，他們不僅學問紮實，品格節操也受到推崇，對社會風俗的淳厚影響很大，可說是真正的社會中心學校。

元代的書院頗值得一提，它既是私人所創建，因此也算是一種社會教育；又因元代由異族統治，許多南宋遺儒無意過問政治，以在民間講學為己任，像吳澄、王應麟等皆是，更促成了元代書院之盛。

明太祖洪武八年（西元一三七五年），詔天下立社學，其目的在導民善俗，是一種民眾教育。入學並無年齡限制，也非強迫性質，凡願意讀書者皆可進學，此種由政府設立的終身教育機構，始於明代。洪武三十年，太祖又頒布「聖訓六諭」，指的是孝順父母、尊敬長上、和睦鄉里、教訓子弟、各安生理、無作非為，教導人民守國法、重人倫。

清代很重視鄉村地方教育的倡導，康熙四十一年（西元一七○二年）定「義學」的制度，並在京師崇文門外設「義學」。康熙五十二年，「令各省府州縣多立義學，聚集孤寒，延師教讀」。康熙五十四年，「宜於窮鄉僻野，皆立義學」。乾隆元年，「不論鄉城老幼，願就學者，皆聽肄業，其中有貧乏無力

者，酌給薪水，其修建學房師生膏火需費，統於存公銀內，奏請動撥」。這已類似現代各國的義務教育了。其他還有「義塾」、「家塾」、「村塾」、「族塾」，都是私學，「社學」則是公費設置的鄉村學校，都是平民教育的機構。

清同治元年（西元一八六二年）開始設立新式學校起，至宣統三年（西元一九一一年）清廷覆亡止，約五十年，這個時期對中國的社會及教育，都是開「數千年來未有之變局」。此時雖已設立新式學校，但遲至光緒年間才有人提倡和興辦與終身教育有關的機構，如「宣講」或「宣講所」、「簡易識字學塾」、「簡易學堂」、「半日學堂」、「盲童及訓盲學校」、「啟瘖學校」（聾啞學校）等。另外，又有藏書樓、儀器院、譯書局、報館之籌辦，還有分別為農民、工人、商人、婦女興辦的補習教育設施。由於民眾教育機構漸增，也促使民智大開，對後來的維新運動、革命運動都有很大的影響。

貳、民國以來迄政府遷台之前的終身教育

民國肇建，專制政體下的生活陋習與封建思想均待消除，倡導民眾識字及促進國語統一，成為最急切的事項。為了掃除文盲，以教導識字為主的平民教育運動就應運而生了，這個運動是因第一次世界大戰時，英、法在中國招募二十餘萬工人，參與戰地築路、掘壕運輸等工作，這些華工多為失學青年或工人，不識

文字，缺乏常識，迭遭困難，處境可憐。晏陽初等留美學生，赴歐擔任翻譯，與華工日日相處，深感華工不識字的痛苦，便臨時自編課本，教育華工，頗著成效。戰後，晏陽初本著在歐洲教育華工的經驗與精神，從事國內的平民教育，由湖南向外擴大，幾遍及全國，受教民眾當在五百萬人以上。平民教育實施的步驟很合乎科學原則，他們依據客觀的分析，中國人民有四弱點——貧、愚、弱、私，而分別施以生計、文字、衛生和公民等四大教育，並從社會、家庭與學校三方面著手。

　　民國十六年，北伐成功，國民政府奠都南京，鑑於「喚起民眾」的重要，將以往通俗教育與北伐時的民眾運動合流，乃有民眾教育的產生。國民政府並且規定：中央政府照例行義務教育辦法，歲撥巨款，補助地方推行民權；各省縣市政府每年教育經費預算，用於民眾教育的經費至少須占四分之一；國內辦理民眾教育有成績之團體或個人，政府應酌予獎勵或補助。

　　民國二十六年，抗戰軍興，為了提高人民智識水準，培養生產建設的實力，對於掃除文盲與民眾教育，乃列為首要之圖。此外，對藝術教育也大力提倡，先後設置國立禮樂館、音樂院、交響樂團、戲劇專科學校，大量培育人才，民眾教育館、圖書館及博物館也都有增加。根據統計，截至民國三十五年止，和終身教育有關的機構數目如下：民眾教育館有 1,425 所、圖書館有 831 所、公共體育場有 945 所、電化教育機關 827 所、民眾學校有 17,009 所、各種補習學校有 1,492 所。民國三十六、七年，大陸

情勢混亂，缺乏資料，情況不詳。（註1）

第二節
終身教育在台灣地區實施的現況

壹、台灣地區終身教育的政策面

民國三十八年，國民政府播遷來台，民國四十一年，中國國民黨七全大會議定政綱，其中與終身教育有關的是：「確立社會教育制度，擴大工作範圍，使失學成人盡量獲得補習教育機會。」到了民國四十二年，政府正式公布「社會教育法」，其中第二條是：「社會教育實施的對象為一般國民，凡已逾學齡未受基本教育之國民，應一律受補習教育，已受學校教育之國民使其獲有繼續受教育及進修之機會。」這是關於補習教育最早的立法依據。此外，第五條也明定中央及地方酌設圖書館、博物館、體育館及特種學校等與終身教育有關的機構。

此一法令公布二十餘年後，由於政治經濟的飛躍進步，文教的發展也一日千里，考量社會的實際需要，政府又在民國六十九年公布「社會教育法修正案」，第一條即是：「社會教育以實施全民教育及終身教育為宗旨。」第四條及第五條也明定政府應設立文化中心、圖書館、博物館、科學館、藝術館、音樂廳、戲劇

院、紀念館、體育場所、兒童及青少年育樂設施及動物園等推動終身教育的機構。「終身教育」這個名詞就在此時首次出現在我國的教育法令中。（註2）

　　民國七十七年，教育部召開第六次全國教育會議，其結論列有：「建立成人教育體系，以達全民教育及終身教育目標。」但仍缺乏對終身教育的整體規畫。

　　民國八十二年，行政院長連戰在立法院做施政報告，內容包括：「整體規畫終身教育體制，建立以終身教育為主軸的教育體制。」

　　民國八十三年召開的第七次全國教育會議中，李登輝總統對「終身教育」做了明確的政策宣示：「終身教育的理念，在於確認人生每一個成長階段都有受教育的需要，並揭櫫建立學習社會，揚棄學歷社會的目標，希望透過各式各樣的研習與進修途徑，可以經常回到學校再學習。所以今後任學制規畫與課程設計上，宜兼顧中年人、老年人及保障在職者繼續教育的機會。」而且，此項會議第六分組為「推展終身教育組」，研討主題為：「建構終身教育體系，落實整體教育理想；開放正規教育機構，促進教育資源共享；調適非正規教育制度，提供多元學習機會；運用非正式教育途徑，普及全民終身學習風尚。」此次會議雖已宣示建立學習社會，但各學習管道之間仍待橫向聯繫及統整規畫。

　　民國八十五年，教育部發布實施「以終身學習為導向的成人

教育中程發展計畫」，但只以成人教育、非正規教育為主，未涉及規畫整體終身教育體系。

民國八十六年，教育部提出「推展終身教育，建立學習社會」的中程計畫，主要工作項目計有九項，這是教育部為推展終身教育所做較為完整、較具整體觀的規畫。

民國八十七年，教育部長林清江發表「邁向學習社會」白皮書，宣告該年為「終身學習年」，這本白皮書是我國推動學習社會政策的重大宣示，也是我國推動終身教育具計畫性、統整性、可行性及前瞻性的規畫。白皮書指出：未來的社會必然是一個學習的社會，「推動終身學習，建構學習社會」是台灣地區未來教育必走的路。附錄中並臚列十四項具體的實施途徑及十四項具體的行動方案，教育部隨即逐步付諸實施，近年來已陸續顯現成果。

民國九十一年，「終身學習法」已完成立法程序，並公布施行。如今，「終身教育」一詞已普遍為人所熟知，大多數的國民都已能體認教育不是人生某一階段的專利品，也不是在人生的前段就能完成，它是個人一生不斷自我成長及自我造就的過程，因此，「學習」已成為個人生存於現代社會的必要條件，也是個人日常生活中不可或缺的活動。（註3）

第三節
台灣地區終身教育的實務面

壹、國民小學推廣教育

●失學民眾補習班

民國三十八年，政府遷台之初，雖經費短絀，仍責成台灣省政府教育廳通令各縣市積極推動失學民眾補習教育，大致可分為四階段：第一階段，推行國語為主；第二階段，實施補習教育；第三階段，辦理失學役男補習教育；第四階段，重新清查失學民眾，並實施補習教育。

民眾補習班分初級班、高級班及繼續教育三級。初級班相當於國小一、二年級程度，原則上修業四至六個月。高級班相當於國小三、四年級程度，修業六個月至一年。繼續教育的施教方式，係由國民小學或社教機構發給教材，由民眾在家自修，無修業年限，由政府舉辦結業考試。由於種種困難因素存在，繼續教育並未辦理，因此，失學民眾補習教育的程度最高僅至小學四年級，形成了中斷現象，十分可惜。

●國民小學附設補習學校

民國六十五年，修訂公布「補習教育法」，明定：「國民小學補習學校分初、高級兩部，初級部相當於國民小學前三年，修業期限為六個月至一年；高級部相當於國民小學後三年，修業期限為一年六個月至二年。」

此法又將失學民眾補習班納入國民小學附設補習學校，並逐年停辦，至民國六十九年完全結束。

貳、國民中學推廣教育

●國民中學附設補習學校

民國五十七年實施九年國民教育之後，為提供未受後三年國民中學教育的國民有接受教育的機會，自六十二年起試辦國民中學附設補習學校，利用國民中學原有師資、設備辦理推廣教育，六十九年國中補校的體制正式確立，修業年限不得少於三年。

●勞工補習教育

民國四十七年，內政部公布並於六十年修正公布的「勞工教育實施辦法」，明定各產業職業單位應辦理勞工教育，七十一年修正公布的「補習教育法」中就將勞工補習教育列入。其內容以

知能教育、工會教育及公民教育為主。其教育方式有六種：(1)補習班校；(2)學校與事業單位合辦之班次；(3)聯合設班；(4)函授班；(5)空中班；(6)委託學校設班施教。

●國軍隨營補習教育

行政院為加強國軍官兵教育，於民國四十四年頒布「國軍隨營補習教育實施辦法」，六十年再修正公布。

國軍隨營補習教育的施教對象是三軍現役在營未具有中小學歷的官兵及工廠技術員工。由各軍事機關、部隊及軍事學校附設補習班。教官由軍中幹部、教官及預備軍官中遴選學有專長者擔任，必要時得聘請社會人士擔任。國民中學之修業年限為兩年，分三個年級，每一年級修業八個月，每年級授課四百一十六小時。教學科目為國文、英語、數學、自然學科、歷史及地理，教材採用國民中學教科書。

●少年（特殊學生）更新補習教育

政府為使在少年輔育院接受感化教育的少年及在少年監獄中的少年受刑能改過遷善，重新做人，特實施少年更新補習教育。民國六十二年，新竹監獄及台北監獄經核准設立補習學校，其後高雄監獄也設立補習學校。

民國六十二年，政府公布「少年輔育院教育實施辦法」，明定輔育院學生依年齡、體能、性別、學歷、志趣及家庭情況學習

並分配作業。每人固定學習一種技藝，每週二十四小時為原則。課程以德育、常識、應用文等課程為主，教材採用正規學校相當年級的教科書。

　　輔育院學生的知識教育，按程度分班或分組教學，有志升學者加強個別輔導，修畢與同級正規學校相當年級主要科目者，得參加鑑定考試，及格者發給學歷鑑定及格證明書。

　　此外，國中推廣教育活動還有：開放學校設施，輔導民眾活動；辦理社區文化活動；舉辦文化、康樂及技藝等研習活動及辦理社區青少年育樂活動等。

參、高級中學推廣教育

●高級普通進修補習學校

　　高級中學辦理進修補習教育，旨在為完成九年國民教育而未能繼續升學者，實施與高級中學相當科目之補習教育，以提高教育程度。修業年限不得少於三年，授課方式得採按日制、間日制或週末制，教學內容以同級、同類學校之主要科目為準。修業期滿者，由學校發給結業證明書，並由主管教育行政機構舉行資格考試，合格者才發給畢業證明書，目的在維持高級進修補習學校一定的水準。

● 實用技藝訓練中心

依據「各級學校辦理社會教育辦法」中明定，高中與高職均負有辦理職業推廣教育的責任。民國四十七年開始，在全省指定二十所中等學校附設實用技藝訓練中心，其中包括高中與高職，訓練科目有農業、工業、商業及家事等四類，合計三十三個科目。依據七十學年度統計，當時僅二十四所，只占高級中等學校的 8.7%，尚未能充分發揮推廣教育的功能。

● 社會中心教育

政府為矯正教育界升學主義、孤立主義與形式主義的弊病，於民國四十二年成立社會中心教育設計委員會，指定兩所高中試辦，至四十九年，接受美援之示範社會中心學校（中學部分）共計十八所。

社會中心教育的目的在實現「教育即生活」、「學校即社會」的目標，使學校與社會密切配合，一方面利用社區資源發展學校，另一方面開放學校各種設施供社區民眾使用，使學校成為改進社區發展的中心。教學內容採用生活教材與鄉土教材，除一般文理課程外，增加生產訓練課程以及職業訓練選修科目。

社會中心學校實施十年之後，因受升學主義影響，始終停留在實驗階段，未及全面推廣即遭停辦，並無成效可言。

●空中高級進修補習學校

民國五十四年，教育部指定當時台灣省立台北商業職業學校，開始進行電視教學實驗，六十年選定二十九所高中、高商及商專，附設空中補習學校擴大實驗，中華電視台正式開播，可惜開辦僅三年即全部結束，並未發揮功能。

肆、職業學校推廣教育

●職業補習學校

民國三十八年，台灣省職業補習學校僅十六所，至民國七十學年度，已擴充至一百八十三所，其中以商科人數最多，其次是工科，醫事人數最少。

職業補習學校也曾採取空中教學的方式，但因教學時間不夠，學生人數減少，六十四年即已停辦。

●實用技藝訓練中心

前已述及，高中及高職均負有辦理職業推廣教育的責任，自四十七年推廣實施以來，因獲美援經費補助，成效顯著，因此辦理學校年有增加，其中以工科科別最多。此種技藝訓練中心一方面能滿足一般民眾學習的需要，另一方面又能解決就業問題及經

濟建設的需要。

●短期補習班

依據法令規定，機關、學校得附設或設立補習班，職業學校短期補習班屬推廣教育性質，故經費採自給自足的方式。

伍、專科學校推廣教育

我國專科學校區分為：農業、工業、商業、家事、海事、醫事護理、師範（已改制為學院）、體育、藝術等。

就學制而言，區分為二年制、三年制、五年制三類。

●工業專科進修補習學校

民國六十五年教育部修正公布「補習教育法」，將補習教育提高至專科程度，並著手規畫辦理專科進修補習學校，提供社會在職青年繼續進修的機會。台北工專及高雄工專分別於六十六年、六十八年設工業專科補習學校，屬二年制工專，修業期間三年，採學年制，學生有正式學籍，利用週六、週日上課。

●商業專科進修補習學校

民國六十六年，教育部指定台北商專、台中商專及國立成功大學分別附設空中商業專科進修補習學校，為便於學生就近參加

面授教學，分別於中壢、新竹、彰化、嘉義、高雄、花蓮、宜蘭、基隆等地成立教學輔導處，教學以電視教學為主，並以廣播、函授及面授等方式配合教學。學生利用早晨或晚上收看電視或收聽廣播教學，並利用週日或其他時間返校參加面授教學。

● 行政專科進修補習學校

民國六十六年，教育部指定國立政治大學附設空中行政專科進修補習學校，採自由報考與機關推薦方式，招收在職公務人員進修，修業期限三年，期滿經資格考試及格者，取得二年制專科學校畢業之同等資格。

● 師專推廣教育

1. 夜間部

提供國小教師進修機會，二年制普通科採學年學分制，修業三年，民國五十年以前須修滿七十二個學分，以後須修滿六十八個學分，始得畢業。師專夜間部自民國五十二學年度至七十一學年度，共計二十年，開辦「二年制普通科」以來，參加進修的教師，畢業人數多達八千六百多人，頗具成效。

2. 暑期部附設普通師範科

為使二千多位僅具初中、初職畢業程度之國小教師有繼續進修的機會，民國六十年，台北市立師專首先辦理暑期部普通師範

科招生工作；翌年，台灣省立台中、台南師專也相繼招生，招生
對象以現任國小合格教師為限。

3. 暑期部利用空中教學

　　政府為加速提高國小師資水準，並適應在職教師進修的需
要，民國六十二年由教育部委託中華電視台與師專合辦暑期師專
空中教學，凡國小及已立案之幼稚園合格教師均可登記，不必參
加入學考試。課程比照暑期部二年制國校師資科標準，在六年內
至少修滿六十八個學分，始得畢業，其中前四年由華視播放，後
兩年暑假連續到校參加面授。由於入學不須考試，學分費減半，
參加者十分踴躍，使得國小教師普遍取得師專學歷，素質全面提
高。

4. 幼稚教育師資訓練

　　民國五十九年，台北市立師專夜間部開始附設二年制幼稚教
育師資科。六十年，該校又在暑期部設幼稚師範科。六十五年以
後，省立台南、台北、新竹、台中、嘉義、屏東、花蓮各師專，
都在暑期部及夜間部附設「二年制幼稚教育師資班」及「一年制
幼稚園教師進修班」。

　　六十九年，台灣省社會處委託省立台北、台中、屏東師專暑
期部辦理「托兒所教保人員進修班」，招考高中、高職以上畢業
之教保人員參加進修。七十一年，嘉義及花蓮師專亦陸續辦理。

5. 國小新課程研習

民國六十四年，教育部修訂公布「國民小學課程標準」，為配合自六十七年八月起自國小一年級開始，分六年全面實施新課程。自六十五年開始，分六年逐年選調國小教師參加研習，每期研習兩週，研習內容包括：介紹新課程標準的精神與特點，研討新課程各科綱要及教學方法，使新課程的實施更能落實。

6. 特殊兒童教育師資訓練

民國五十八年，台灣省教育廳指定省立台北師專辦理啟智教育師資訓練工作，並與美國夏威夷東西文化中心訂立五年技術訓練合作計畫。

智能不足兒童教育訓練班於民國五十九年開班，招收現任國小教師有志於啟智教育工作者，實施為期一年的特殊教育專業訓練，訓練期滿，返回國民小學擔任啟智班教師。

民國六十五年，我國舉行第一次全國性特殊教育普查，發現國小在學的智能不足兒童竟多達一萬多人，為配合需要，就擴大舉辦智能不足兒童教育師資訓練班，每期由一年縮短為半年，每年舉辦兩期，參加訓練的學員帶職帶薪。

陸、大學院校推廣教育

●夜間補習班

民國四十四年，國立台灣大學開始試辦夜間補習班，提供失學青年及在職人員求學的機會，課程共分四類——文科、理科、法律政治、經濟商學。

四十六年，台灣省立師範大學亦開設夜間補習班，以提高中小學在職教師素質，並提供失學青年及社會人士接受大學教育的機會。

●夜間部

民國四十九年，教育部又規定：公立大學及獨立學院師資設備充足及辦理完善的科系，可試辦夜間部，課程及學生應修學分均比照現行大學及獨立學院科目表之規定。修業年限，一般學系不得少於五年，專修科不得少於三年。自民國四十九年起，國立台灣大學、政治大學、成功大學、台灣師範大學等校，紛紛成立夜間部，後來許多公私立大學及學院都紛紛設立夜間部，積極辦理夜間部推廣教育。（註4）

柒、空中大學

空中大學是依民國七十四年「國立空中大學設置條例」，由總統頒令公布實施，完成立法程序，並自七十二年起累積三年試辦課程經驗後，正式於七十五年八月一日創建，七十五年十一月舉行開學典禮，正式上課。

空中大學採用視聽傳播媒介方式辦理成人進修及繼續教育，以實現全民終身教育理想為宗旨，也是全國第一所用視聽傳播媒體從事隔空教學的大學，不但突破了時間、空間與學生人數的控制，在課程設計理念與教學措施上，亦以適應不同年齡、不同階層之成人需求而規畫。在校務計畫上，則以朝向開放、彈性與多元之特質加以設計。成立之初有三個學系，目前已增加到六個學系，分別是：人文學系、社會科學系、商學系、公共行政學系、生活科學系、管理與資訊學系。另於八十一年七月成立附設空中專科進修學校。至今累計學生人數已達二十餘萬人，畢業學生已超過一萬五千人。

空中大學屬正式學制教育，無修業年限，學生只要修滿規定的學分，即可頒授學士學位。秉持「入學從寬，考核從實，畢業從嚴」的辦學原則，也發揮了「人人有書讀，處處是教室，時時可學習」的功能。自民國八十六年起實施免試入學，凡年滿二十歲，高中（職）畢業或具有同等學力者，均可報名成為全修生；

凡年滿十八歲，學歷不拘，均可登記為選修生。每年舉辦兩次招生，約在六月和十一月。全修生具有空大學生學籍，修畢一百二十八個學分並符合相關規定者，即可畢業。未能符合全修生資格者，只要修滿四十個學分，即可申請成為全修生。

　　為方便學生就近學習，空大在基隆、台北市、台北縣、新竹、台中、嘉義、台南、高雄、宜蘭、花蓮、台東、澎湖、金門等地設立學習指導中心，學生可就近選擇以參加面授教學、考試、課業及生活輔導或社團活動。今後更將積極運用資訊科技，將空大發展成為華人e化教育的領航者及終身教育的重鎮。（註5）

捌、社區大學

　　社區大學的構想源於八十三年台大黃武雄教授等倡議，八十七年民間關心教育改革的學者成立社區大學籌備委員會，著手在各地推動籌設工作，以培育現代公民作為設校目標，期培養民眾參與公共事務的能力，並激發社區意識，解決社區問題。

　　八十七年台北市文山社區大學首先成立試辦，九十一年總統公布終身學習法，且承諾將在各縣市普設社區大學後，更是風起雲湧，至九十二年已快速成長至六十七所。目前除離島縣市及嘉義縣外，各縣市均已至少設置一所社區大學。

　　我國社會大學係沿襲美國、英國等先進國家之「社區學院」

（Community College）概念發展而來。當前國際間辦理社區學院最有成效者，當屬美國，其課程內容除一般民眾的終身進修課程之外，對有意取得高等教育學位者，另提供一種管道。學生於社區學院修習大學一、二年級課程，成績通過並獲得一般四年制大學入學許可後，得申請抵免學分，或直接自大三開始就讀。而我國社區大學目前尚未提供此項管道。

社會大學是正規教育體制外的終身教育機構，結業時由地方政府或社區大學核發結業證書或畢業證書，唯並不授與學位。開設課程以學術課程、生活藝能課程及社團活動課程三大核心領域為主。學員選修生活藝能課程最多，約占 60%，其次是學術課程，約占 30%，社團活動課程最少。

入學資格極寬，凡年滿十八歲以上之民眾，無論學歷為何，均可選修課程，目前修課學員之年齡層多介於四十一歲至五十五歲間，其次是三十一歲至四十歲，此兩年齡層之學員幾占修課人數之 65%。

至於上課地點，社區大學多半沒有獨立空間或自有校舍，多設於國中小學、高中職或技術學院等學校內。授課方式以面授為主，部分學校採網路授課，部分時間並安排校外教學。

社大開辦數年以來，由於辦理經費是由地方政府編列，而地方議會常因部分學校課程內容不當，或發展特色與其理念，或其他政治因素等，杯葛社大預算，導致社大經費短絀，必須向教育部求援。因此，當務之急應督促縣市政府盡速建立穩定之設置及

監督管理機制，使社大的經營步上正軌。

　　「公民課程開設率過低」是社大另一隱憂，社大原先辦學的目標是「知識重建」、「提升社區文化」、「鋪造公民社會」，因此課程開設的原則是以提升思考能力為主，再逐漸導入社區相關議題，以激升學員對社區的關懷，繼而關懷社會重大議題。理論上，學術性的公民課程應占課程的極大比例，但事實上，生活藝能課程及社團活動課程占的比例遠超過學術課程，類似「公共論壇」的課程較乏人問津，理想與現實間仍有一段差距，亟待平衡。（註6）

玖、圖書館與文化中心

　　圖書館方面，由國家圖書館等公共圖書館推動讀書會運動，在民間方面，結合民間團體洪建全教育文化基金會、中華民國讀書會發展協會、中國圖書館學會共同參與，以建構一個富而好禮的書香社會為目標，因此，圖書館是推動終身教育不可或缺的重要機構。

　　文化中心也不容忽視。民國六十五年，政府開始推動文化建設，在台灣各直轄市及各縣市建立了二十一個文化中心，均已成為各縣市文化推動的主體，使台灣地區的文化水準普遍上升。民國八十三年，文建會致力推動「社區總體營造」運動，特別訂頒「社區文化活動發展」、「充實鄉鎮展演設施」、「輔導主題展

示館之設立及文化館藏充實」及「輔導美化地方傳統文化建設」等計畫，並積極付諸實施，促進社區居民自動自發參與社區的工作，改善社區的環境，以提高生活品質，產生了台灣近年以來一種大規模的社區改造運動。

第四節
台灣地區今後終身教育的發展方向

由於二十一世紀已經來臨，我國正面臨國家競爭力亟待提升、富裕社會的人文關懷、國際化的衝擊，以及個人發展的強烈需求等問題，教育主管當局應以主動、積極、創新、前瞻的態度研提與規畫推動終身教育活動。八十七年，教育部提出了「邁向學習社會」白皮書，並宣布是年為「終身教育年」，接著又提出「推展終身教育，建立學習社會中程計畫」、「教育改革行動方案」，同時結合各方力量，積極宣導終身教育理念，並擬訂具體可行的政策。展望未來，我國終身教育的發展直朝下列目標努力：

壹、積極提供回流教育機會

終身教育的推展，是要提供一個人人可以終身學習的環境。先進國家的經驗顯示，建立回流教育制度，是達成終身學習社會

的一條重要途徑。回流教育的觀念，主張教育機會應當分布在人生的各個階段。學校教育不一定要以「直達車」的方式一次完成；人們有權利在人生任何階段，以全時或部分時間的方式，完成其所需要的學校教育。學校教育以外的學習成就與工作經驗，與學校教育同樣重要，應該得到平等的重視與適當的承認。未來，高級中等以上學校及成人教育機構，應提供更多的成人回流教育機會。

貳、廣為開闢彈性多元入學管道

先進國家為建立學習社會，大都致力於入學管道的放寬，我國隨著社會進步，經濟日益富裕，國民對終身學習的需求必然增加，尤其面對資訊國際化及全球競爭力的挑戰，現代國民愈來愈覺得需要回到學校進修，以充實新知，免於淘汰。為了建立回流教育制度，提供成人第二次教育機會，學校入學管道必須有所調整。廣為開闢彈性多元入學管道，不僅是建立回流教育制度的必要條件，更是達成學習社會之目標的必要途徑。

參、繼續推動學校教育改革

學校教育的改革，已被視為建立終身學習社會的一條重要途徑，學校教育改革能否成功，將是我國能否發展成為終身學習社

會的主要關鍵。學校教育的改革必須呈現終身化、開放化、科技化、多元化及個人化的特徵，並成為學習社會重要一環。

肆、發展多元型態的高等教育機構

高等教育在終身教育中，扮演相當重要的角色，它是正規教育中的最高層級，必須廣納青年學生；另一方面，它也是回流教育中重要的一環，須接受社會中的成人學生。當高等教育入學管道漸多元化，成人學生所占比例日益增加之後，高等教育的型態也必須有所調整，因此，輔導我國高等教育機構朝研究型、教學型、科技型、社區型及遠距型等五種型態之大學繼續發展，將是建立終身學習社會的一條重要途徑。

伍、加速推動補習學校轉型

補習教育的屬性應轉型為回流教育，以提供民眾第二次的教育機會，並且應使國民中小學的成人基本教育與高中職以上的成人進修教育或正規教育相銜接，以形成第二條教育的通路。因此，「補習教育法」修正為「補習及進修教育法」應加速進行。

陸、積極鼓勵民間企業提供學習機會

民間企業是國家與社會重要的資源組織，不僅提供就業機會，創造財富，也是促進學習社會成長的關鍵。為了鼓勵民間企業提供學習機會，政府必須有各種優待及獎勵辦法。例如：主管教育行政機關應給予大學自主活力；配合回流教育的制度，為委託的企業規畫最合適的課程，並透過規畫及立法途徑，研究帶薪教育假制度及企業雇主抵稅優待等措施。

柒、加強發展各類型的學習型組織

學習型組織的發展，不僅有助於個人潛能的充分開發，同時組織的潛能也可以有效加以激發。社會上有不同設立主體與功能的組織，如公私立之分、生產或服務之別。唯所有組織都必須成為學習型組織，整體社會及所有成員才能共同享有發展的效益，學習社會也才能真正建立。學習型組織之發展重點有：推展公務人力的學習型組織；推動工商企業的學習型組織；推展學習型家庭，形成終身學習環境；推展學習型社區，提高民眾生活品質；推動矯正機構內學習型組織，強化社會融合功能。

捌、積極開拓弱勢族群終身學習機會

　　弱勢族群是社會上需要特別照顧的國民,為保障他們的學習權利,必須加強各種支持與輔導的體系,以落實終身學習政策。開拓弱勢族群終身學習機會,必須規畫弱勢族群學習設施,增進學習機會均等,滿足弱勢族群學習需求,促進社會和諧融合;加強弱勢族群學習能力,提升其社會生活品質。

玖、建構完整的終身學習資訊網絡

　　要鼓勵社會大眾進行終身學習,除了積極規畫各種課程與學習活動外,更要將學習資訊迅速而順暢地傳送到民眾手中。所以,各區域都必須整合各種機構的學習資訊,將活動訊息的傳達方式規律化,查閱的方式或時間地點也要力求便捷。如此充分提供民眾終身學習資訊,才能使民眾建立終身學習的習慣。

拾、加強民眾外語學習

　　隨著國際的腳步加快,民眾要努力培養外語的能力,以增進溝通能力和在地球村生活的知能。首先要加強外語學習環境的普及與改善,學校內的課程只是其一,更重要的是塑造整體社會的

外語學習環境；其次，要進行外語能力的認證，使學習與進度獲得持續支持的力量；再其次，可以鼓勵有關單位普遍設立語言及文化的交流中心，讓國內有心學習外語及國際文化的民眾，得到激勵及有效的協助，同時，可鼓勵社會生活的環境盡量以雙語來呈現及表示，以增加外語應用機會。

拾壹、強化各級終身學習委員會功能

由於終身教育資源分布甚廣，有屬於正規教育者，有屬於非正規教育者，亦有關於非正式教育者。為建立終身教育體系，統整終身教育資源，以加強正規、非正規及非正式教育三者之間的聯繫，強化各層級的終身學習委員會實有其必要。

拾貳、盡速完成終身教育法制

終身學習體系的建立，需要很多的基礎建設與發展策略。尤其是一個依法行政的法治社會，需要有法制為基礎，才能有效推動各項建設與政策。此外，有些法規存在已久，無法因應目前社會新的需要，必須加以修正，始有利於終身學習的推展。因此，應盡速完成終身教育法制。

拾參、建立認可全民學習成就制度

　　認可學習成就的制度，是提高全民學習風氣的重要教育設計。此項工作可以改變民眾的學習觀念，激發全民參與學習活動，進而達成終身學習社會的目標。此外，學校教育以外的學習活動也會更加蓬勃發展，讓終身學習的體系得以建構完成，經由此一制度的建立，並能鼓勵個人努力獲取生活與工作新知，以免落伍。此外，也可以將過去單一方向直線學習的模式，轉變為多方向可選擇的學習模式，鼓勵民眾由各管道累積學分，進而獲致文憑或資格，使學習成為永續的活動。

拾肆、加強培育教師終身學習素養

　　在未來的學習社會中，各類型教師將扮演推動終身學習的重要角色。終身教育體系中的教師，包含正規教育的教師，也包含非正規教育的師資。如何培養具有終身學習素養的教師，以引導全民進行終身學習，將是能否建立學習社會的重要關鍵。各類型教師不僅須具有終身學習理念，幫助學生從事終身學習，教師本身亦應不斷繼續進修，力行實踐終身學習活動。

　　在終身教育理念蔚為風潮的二十一世紀，我國各項教育改革的措施，必須採取具有整體性、前瞻性的方式來規畫，同時也必

須考量學習者的需要，營造良好的學習環境，提供充實的學習內容、方法，以培育全人為最終目標。人人都能將學習融入生活中，成為一種習慣，學習社會的建立將是指日可待的。（註7）

問題與思考

一、我國古代的終身教育令你印象最深刻的是什麼？請舉三個例證加以說明。

二、我國在民國八十七年宣告該年是「終身教育年」，民國九十一年，「終身教育法」已完成立法程序，並公布施行，和美國、日本等先進國家相較，我們還有哪些方面必須努力？

三、空中大學和社區大學有何不同？

四、針對本章結尾「台灣地區今後終身教育的發展方向」所列出十四項重點工作。你覺得比較迫切、必須及早完成的項目有哪些？請加以說明。

註解

〔註1〕以上內容參改李建興《中國社會教育發展史》13-176頁。

〔註2〕以上內容參改李建興《中國社會教育發展史》177-204頁。

〔註3〕以上內容參改黃富順〈台灣地區的終身教育〉《成人教育》第70期21-38頁。

〔註4〕以上內容參改黃振隆《終身教育新論》374-412頁。

〔註5〕以上內容參改《認識空大》及《國立空中大學簡介》國立空

中大學網站

http://www.nou.edu.tw

〔註 6〕 以上內容參改黃富順〈台灣地區社區大學的發展與省思〉《教育資料集刊》第 27 輯 105-125 頁及黃榮村〈我國社區大學之現況與未來定位專案報告〉立法院教育及文化委員會第五屆第五會期及陳錦煌、翁文蒂〈以社區總體營造推動終身學習、建構公民社會〉《國家政策季刊》第 2 卷第 3 期 63-90 頁。

〔註 7〕 以上內容參改楊國賜〈我國終身教育現況檢討與未來展望〉《教育資料輯刊》第 24 期 275-289 頁，及楊國賜〈我國終身教育法制與實施途徑〉《教育資料與研究》15：26-34。

參考文獻

1. 李建興（1986）。中國社會教育發展史（頁 13-204）。台北：三民。

2. 黃振隆（1994）。終生教育新論（頁 374-412）。台北：心理。

3. 中華民國成人教育學會（民 84）。成人教育專業化（頁 201-234）。台北：正中。

4. 黃富順（2002）。台灣地區的終身教育。成人教育，**70**，21-38。

5. 柯正峰（1998）。我國的學習社會規畫與發展趨勢。學習社會，419-447。

6. 陳錦煌、翁文蒂（2003）。以社區總體營造推動終身學習、建構

公民社會。國家政策季刊，**2**（3），63-90。

7. 黃富順（2002）。台灣地區社區大學的發展與省思。教育資料集刊，**27**，105-125。

8. 黃榮村（2004）。「我國社區大學之現況與未來定位」專案報告。立法院教育及文化委員會第五屆第五會期。

9. 楊國賜（1999）。我國終身教育現況檢討與未來展望。教育資料輯刊，**24**，275-289。

10. 楊國賜（1997）。我國終身教育法制與實施途徑。教育資料與研究，**15**，26-34。

11. 認識空大、國立空中大學簡介。國立空中大學網站：http：//www.nou.edu.tw/

第三章

美國的成人教育

楊嘉麗

教育應著重在創造一個「學習的社會」之目標，提供機會給所有的人，以充分擴展他們的心靈。年輕時的正規學校教育是一個人一生中學習的基礎，但如不能終身學習，則一個人的技藝很快會落伍。成人教育在於知識的傳授及生活方式的改進及生活內容之充實，以求提高生活水準並促使社會發展。

近二十年，美國政府相當重視終身教育政策的制定，從雷根、布希到柯林頓及小布希總統，都推終身教育為重要的教育政策（楊國德，2003）。

柯林頓總統上台後於一九九四年通過「目標二千年：教育美國法案」（Goals 2000：Education American Act），列有六大目標，其中至少有兩項與終身學習有關（柯正峰，1999）。

第一節
美國成人教育運動的發展

自一九一九年以來，美國社會有重大的改變，在人口方面，美國人口在城市增加了三分之一，平均年齡提高，教育程度也提高。這段期間美國經過第一次世界大戰後之大蕭條，又發生經濟衰退。第二次世界大戰後技術之發展及經濟上的進步，導致人民生活水準提高、壽命延長、婦女角色扮演改變、娛樂和服務的提升、種族和宗教歧視的減少，以及學術上的進步與革新，都對成人教育有很大的影響。

　　成人教育在這時期的發展可分為三個時段（黃富順，1985）：

●第一時段：一九一九到一九二九年

　　把成人教育當作促進社會進步、重建與改革的方法。

　　一九二〇年全國教育協會（National Education Association）設置移民教育部（Department of Immigrant Education）。

　　一九二四年改為成人教育部（Department of Adult Education）。

　　一九二六年成立美國成人教育協會（American Association for Adult Education）（Rose, 2002）。

●第二時段：自一九三〇至一九四六年

　　此時，成人教育專業人員的研究著作在主題、內容和定義上都有其突出性。在一九二〇年時，大都會的老師供過於求，故要求一些受過專業課程訓練的合格教師來任教，在一九四四年訂定G. I. Bill教育法為服役後人員的再適應法案，由聯邦提供一年的學費，書本及一些費用給服役的士兵求學或與入伍時間相當的入學機會（Kett, 1994）。

●第三時段：自一九四七年之後

　　成人教育特別注重擴充研究所的成人教育，且成立成人教育

教授委員會及全國性成人教育研究的討論會（Commission of Professors of Adult Education and the National Seminar for Adult Education Research）。

一九五一年成立美國成人教育協會（Adult Education Association of the U.S.A.）及成人教育基金（Fund for Adult Education）（Kett, 1994）。

一九六二年聯邦教育署成立成人及職業教育局（Bureau of Adult and Vocational Education）。

一九六三年通過職業教育法案（Vocational Education Act）。

一九六四年通過經濟機會法案（Economic Opportunity Act）。

一九六四年通過成人教育法案（Adult Education Act）。

並規定聯邦政府應設置聯邦成人審議會（National Advisory Council on Adult Education），以供部長辦理成人教育方面之諮詢，成員由總統任命。

一九七六年增修高等教育法案時，加入「終身學習法」的部分（柯正峰，1999）。

一九七九年十月十六日，卡特（Carter）總統簽署教育部組織法案（Department of Education Organization Act），成立第一個內閣級之教育部（Department of Education），內有職業及成人教育司（Office of Vocational and Adult Education）專門負責有

關職業及成人教育之事。

　　美國在一九五三年已有二十五州的教育廳對地方學校的教職員提供成人教育服務，該年公立學校的成人教育之年度經費達到七千七百萬美元，公立圖書館之經費為一億二千萬美元，大學推廣教育經費為九千七百萬美元，以稅收來支持成人教育活動。在一九六五年左右約有一百個女子終身學習學程（Continuing Education Program for Women, CEW），對後來一九七○年之社區大學影響很大（Kett, 1994）。

　　在一九七○年到一九九一年之間，在高等教育註冊的部分時間上課之人超過全時間上課人數的三倍。到一九九一年，部分時間上課之人數占全部註冊人數的一半，在一九九一年有 57% 的部分時間上課之學生上高等教育。42% 上四年制學院。在社區大學中部分時間上課之學生，在學分班註冊者自一九七○年的 48% 升到一九七九年的 62%。到一九八七年升至 67%。當家庭中慢慢有兩份收入時，女士加入半工讀的行列。女士中幾乎有超過男士兩倍的學生是三十五歲或大於三十五歲（Kett, 1994）。

第二節
美國高等教育

　　美國終身學習的資源來自五個體系，包括大學、其他學校、企業、非營利組織、科技等。

　　美國的大學成人教育在學生之種類、求學之年限、課程之內容、採用的教材、教學之方法、經費的來源及機構的大小，皆因時代進步而做出各種有彈性及多樣化的選擇，以供學習者能就近擇其所需，而達到學習的目的，例如找到更好的工作、更能適應進步的社會、生活得更充實等等，使社會之發展更快速。一九八〇年代以來，全美有 60%的人參與各種成人教育活動（邱珍玫，2000）。

　　美國之高等教育類型大致包括：綜合大學、文理學院、專業學院（professional school）及初級學院或社區學院等四大類（林寶山，1991）。

壹、綜合大學

　　包含大學部及研究所，大學部以四年為主，研究所則以一年至十年不等，碩士修業為一至三年，博士則二到十年左右。

貳、文理學院

　　多以四年制學士學位的課程為主，但還是有少數學校提供碩、博士學位課程。

參、初級或社區學院

大部分是二年制，不給學位，只給證書或文憑。

肆、專業學院

如法學、醫學、神學，通常比一般綜合大學的修業年限要長，依情況而授予學位。

伍、高等教育機構類型

●私立大學

早期之長春藤盟校包括哈佛大學（University of Harvard）、耶魯大學（University of Yale）、普林斯頓大學（University of Princeton）、哥倫比亞大學（University of Columbia）、康乃爾大學（University of Cornel）、賓州大學（University of Pennsylvania）、布朗大學（University of Brown）、達特茅斯大學（University of Dartmouth）校史都在三百年以上。有些好的私校收費昂貴，例如在美國東北部紐約市之哥倫比亞大學，學費一年約美金四萬元左右。

●公立大學

通常包括三類：

第一類為州立大學，以各州為名之大學，例如：威斯康辛大學（University of Wisconsin）因校區地點不同而命名，包括威斯康辛大學麥迪遜分校（University of Wisconsin at Madison）、威斯康辛大學密爾瓦基分校（University of Wisconsin at Milwaukee）、威斯康辛大學斯道特分校（University of Wisconsin at Stout）等校區。

第二類是由州政府設立之州立大學系統，校名都加上州立兩字，例如：俄亥俄州立大學（Ohio State University）、阿肯色州立大學（Arkansas State University）。

第三類是以農業、工業為主之大學，例如：德州農工大學（Texas A&M University）、北卡羅來納農業和技術州立大學（North Carolina Agricultural and Technical State University），此類大學已慢慢發展成綜合大學。

公立大學的經費多來自州政府、財團法人基金會及私人的捐贈，故學費較私立學校低。當地的（in state）居民，學分費比外州（out of state）之居民的學分費要低三分之一到二分之一的價錢。外州之居民每一個學分費自四百到九百美元，因校而異。私立學校學費較貴，學分費較貴也是原因之一。

● 初級學院（社區大學）

大都為二年制，為中等學校之延伸或大學前二年之教育機構，學費更便宜，以美國德州奧斯汀社區大學為例，合法的美國公民且住在學區內，每一個學分 39 美元。不住在學區內，每一個學分 100 美元。外國人及別州的人每一個學分 200 美元左右（德州大學奧斯汀分校網站）。

陸、大學之入學方式

每間大學之性質、特色、要求不同，各學校都有入學申請表（application form），目前可以上網下載你想要申請的學校表格，將有關的基本資料寄去，如果校方認為申請者的資格符合，則會要求申請者寄有關的資料，如 SAT、GRE、TOEFL 成績等。

申請研究所（Graduate school），外國留學生要有在校成績（Grade Point Average, GPA）、TOEFL 及 GRE 等測驗成績及指導老師之推薦函等。故在校成績及 TOEFL 成績都很重要。如果打算出國留學，要自大一就開始準備，加強英語的聽、說、讀、寫能力。自二〇〇六年，TOFEL 線上考試將包括聽、說、讀、寫四部分，滿分為一百二十分。

美國教育制度是地方分權型，分為聯邦教育部、州教育廳和地方教育局等，但實際上，聯邦政府無法強制州及地方執行教育

事務，各州擁有最大之教育權責。

美國的各級學校教育雖然存在許多教育品質的問題，但由於學校極多，使得成人有各種適合自己的入學受教育的機會。尋求教育機會平等及教育素質的卓越才是最重要的。

第三節
美國教育之發展趨勢

教育歷程最重要之目的是幫助一個人成為一個有教養之人。學校之教育主要在於提供人類在受完學校教育後能夠繼續學習的各種方法。學校教育的完成只表示教育之開始而非結束。

由於美國曾經在商業、工業、科學及技術各方面有著傲世的卓越成就，但現在逐漸被其他國家趕上了，所以使得美國教育面臨各種困惑的問題。因此美國教育學者一致呼籲要求教育的「卓越」（excellence），他們認為追求卓越所費固多，平庸的代價更大（excellence costs but mediocrity costs more）（林寶山，民80）。

中等教育為全民而設（secondary education for all），即指美國人民不分種族、性別、文化、宗教之不同，在教育上都有相同入學之權利。各大學之教育學院為了順應在職進修之需求，研究所之課程常在夜間上課。例如：各校設立之推廣教育班多為在職進修人士設立。

　　美國中小學老師的在職進修風氣盛行，與各州對教師證書之要求不斷提高有關。有許多州已重新檢討教師證書之制度，包括證書之效期、必修之科目及學分數，進修及升遷等。目前美國公立中小學中，具有碩士學位之教師人數持續增加，對教師素質之推升有很大的幫助。美國主張全民要有相同素質的學校教育。教育是終身的歷程，「學校裡的教育」只是其中必要的一小部分而已（林寶山，1991）。

　　夏龍主任（Dr. Glenn Shive 香港中文大學，美國中心主任）幫美國的公共電視規畫了一個終身教育。透過勞工部和教育部的合作，每個人有一個學習帳戶，此帳戶將每人學過的學分通通整合在一起。使個人可以自我評估，並且知道在不同的人生階段可以在何處找到他們所需要學的資訊。

　　美國現在討論的是如何建立一個完善的證照制度（credential system），美國有五、六個認證機構共同合作協議，用網路交流。目標為如何在網路上評量成績，以建立一個完善的證照制度，為品質把關（黃敏裕，2001）。

　　今日美國之成人教育在量的方面，各國無與倫比，但在質的方面，仍有值得改進之處。

第四節
美國成人教育之種類

美國成人教育至今施行有四百多年的歷史（江雪齡，1992），教育總類繁多茲分述於下：

壹、識字教育（literacy education）

使各地之學校及軍中有識字班，以培養讀與寫的能力（呂俊甫，1967）。

貳、歸化教育（Americanization classes）

以移民中之成人為主，使他們對美國之文化、語文、風俗、憲法有相當之了解，以促進民族之同化，加強國人之團結。一九八八年並鼓勵美語溝通能力不佳的成人及家人進修。

參、夜間學校（Evening schools）

為成人而設，為了滿足他們之需求及日常生活知識。一八四〇年辛辛那提州（Cincinati）成立三所夜間學校。例如在本文

中第六節，提及德州大學奧斯汀分校也提供夜間學校，方便有心人士求學。

肆、在職訓練（In-service training）

參加之人員由各公司之職員至董事長，訓練之課程可為三類：

1. 經理科目——包括生產、行銷之最新知識。
2. 技術科目——由工商技術人員參加。
3. 自修科目——如經濟學、心理學、人際關係、數學、英文等。

在職訓練有由公司自行舉辦，自備師資場地，或利用各大學之師資設備，選修既有之課程。各級政府之公務人員亦有參加與業務有關之在職訓練，以便繼續為公司雇用（Clark, Shatkin, 2003）。到了七〇年代美國之大學學院及大多數的專業組織漸漸不再使用推廣教育，而以成人教育（adult education）或繼續教育（continuing education）代之，以便與農業推廣區分。

伍、推廣科目（Extension courses）

推廣部可使不能來校上課之成人，得選習大學之課程並得到學分或是無學分。

陸、函授學校（Correspondence schools）

美國三軍學校（The United States Armed Forces Institute, USAFI）函授科目（Correspondence courses）以全球各地美軍中青年和成人為對象。

柒、三軍進修

除三軍學校外，還有為陸、海、空軍官各級官兵所安排之保送、隨營進修與補習的計畫，為聯邦政府所資助。軍中教育還有不少的問題待解決，例如師資、教學品質等等（Spikes, 1983）。一九四四年 G. I. Bill 教育法案通過，退伍軍人可接受軍中教育，再回學校完成大學教育。在一九四六至一九四七年各有超過一百萬退伍軍人進入大學念書，使得大學生的總數自一九三九年的 1,364,815 人增加到一九五○年的 2,281,298 人。很多退伍軍人在大學中得到榮譽學生榜。為了一些沒有高中文憑但是想要上大學課程的三軍學校的士兵的要求，而設立全民教育發展測驗（General Education Development, GED Test），對想要求學的人有很大的幫助（Kett, 1994）。

捌、農村服務

　　美國之合作農業推廣服務（The Cooperative Agricultural Extension Service）號稱世界最大之成人教育組織，由各州之農學院、縣政府及聯邦政府中之農業部三方面合作。所教之科目包括農業生產與管理、家庭生活、健康知識、農產品之推銷等。一九四七年，Massachusetts（麻州）通過法案授權各鄉鎮指導成人讀寫美語之文法及算術（江雪齡，1992）。

玖、囹圄教育、囚犯教育（Educational programs for inmates）

　　聯邦和州政府所設，為罪犯設立教育，可增進囚犯之生存技能與知識進而改過自新。

拾、公共論談（Public forums）

　　學校人員與社會人士聯合主辦之教育活動，可增廣社會民眾之見識，並可訓練其發表能力。

拾壹、廣播講座

利用廣播和電視設立空中講座，討論當前之各種問題，如全國性之「大陸教室」（Continental Classroom），「空中民眾大會」（Town Meeting of the Air），有些地方民眾並自組討論會，來進一步研討有關的問題。一八八三年成立空中學校。

一九八一年成立美國的公共電視之成人學習服務（Adult Learning Service, ALS）二十歲以上的成人修完一定的課程，可取得大學學歷，是世界上教學節目最多的機構。在家如沒有電視也可利用電腦網路上課，雙向溝通。學生可利用電腦得知所有上課有關的訊息（楊國德，2003）。

拾貳、勞工教育（Labor Education）

美國各種工會（Labor Unions）對其會員的教育頗為注意，其目的在於促進勞工福利與增進勞工技能，有些大學根據工業界的需要，開設各種科目以備各階級勞工選修，此外職業與生活輔導亦很重要。一九八八年成人教育計畫，提供工人在職教育，促進工商企業界與教育機構之關係。例如 GM（General Motors）付學費讓員工進修。一九八○年初 GM 安排與全國四十五個社區大學合作訓練員工。在一九八○年光是 AT&T 一天中就花了

一百七十億美金在一千三百個地方為兩萬至三萬員工開一萬二千種課程（Kett, 1994）。員工也認為受教育對他們是有利的，可以換到更好的單位或找到更好的工作。員工認為寧可受教育失業，也比不受教育失業要好（Hequet, 1994）。在美國，一九九一年參加與工作有關之教育的員工有 38%。與其他提供資料的國家比是屬於相當高的（Gordon, 1996）。

隨著工作型態的迅速變化，使企業經營全球化及人力重新調整，不僅是跨入一個新國家而且進入一個新大陸領域。美國企業大學由四百所成長為兩千所，且預估二〇一〇年會超過三千七百所。企業經營是將員工送到企業外受訓，再將員工從訓練中所學直接投入生產力，使得公司對員工的投資更具經濟效益（楊國德，2003）。

拾參、社團活動

美國之民族性喜好社團活動，有各式各樣之社團組織。美國成人教育協會曾列舉對成人教育具有促進功能之四類社團組織（呂俊甫，1967）：

●志工社團（Voluntary associations）

包括各種婦女俱樂部，如職業婦女俱樂部和各種男人俱樂部，如扶輪社、獅子會等。

● **教育社團**（Educational associations）

　　如成人教育協會。

● **專業社團**（Associations in related professions）

　　包括各種有關專業團體，如美國醫學協會等。

● **同好社團**（Specialized interest groups）

　　社會退伍軍人協會、老年俱樂部，以及 YMCA、YWCA、PTA、Women's Club 等。

　　上述各種社團組織之活動包括演講、討論、會議、講習等，均具有成人教育的價值與意義。

拾肆、圖書閱讀

　　美國各大小城市都有公共圖書館（public libraries），另有流動圖書館（Traveling libraries）（邱珍玫，2000）行駛於鄉間。此外，華府國會圖書館（Library of Congress）創於一八〇〇年，原為國會議員專用，於一八八六年開始對全體民眾開放，讀者年達一百萬人，藏書四千萬冊，為世界最大之圖書館。

　　美國成人教育協會曾預言，公共圖書館將成為成人教育運動之核心，其成功將如一所民眾大學。除此之外，還有教會主辦之

宗教性和一般性的活動、觀光旅遊事業，以及其他各種公私立團
體和個人的育樂活動等等。由於工業之自動化，工作效率提高，
工作時間減少，閒暇增多，人口之增加與壽命延長，今後美國之
成人教育能更加發達，而不僅在量的方面，質的方面亦應配合，
以達理想之境（呂俊甫，1967）。

拾伍、博物館

　　各州成立了很多藝術、歷史和自然之科學博物館，以配合民
眾之需要，並安排學校參觀，對教學有很大的幫助。美國成人教
育家 Pal Bergevin（湯象，1984）認為，成人教育機構應負起責
任來幫助國人提供他們所需要的學習活動，讓他們能充分發展自
我（personal development），以適應新社會帶來的衝擊。成人教
育之主要目的在發展個人，使他們有知識、技能、正確的判斷能
力，且有道德、責任去參與發展及維持一個現代化的社會（湯
象，1984）。

第五節　美國老人的終身教育

　　美國老人教育始於一九五二年芝加哥大學開設立函授課程給
老人；一九六五年通過老人法案。一九七〇美國主管教育的行政

部門更積極鼓勵社區及初級學院協會廣泛開設老人教育的課程。

美國提供老人教育的機構可分為四類：

一、教育機構，如社區學院和技術學院。

二、大學和四年制學院。

三、老人寄宿所。在一九九〇年超過六十五歲之人占北美的12.5%（林振春，1998）。

四、第三年齡大學 U3A（University of the Third Age）。

今日有很多年老的人退休後心理及生理都還很健康，這些人將不會滿足於退休後在家做一些園藝的事、打保齡球、照顧孫子等等，他們當中頭腦清晰、身體健康的人還期望有好多年可活，所以很多老人期望有機會繼續學習，以便保持他們清楚的思想及靈活的身體，同時也對健康有利，如果能好好的運用這些老人的人力資源對社會是有幫助的（Dale, 2001）。

為了應付人口的老化，很多國家都有新的機構來安排老人廣大的學習機會，如在美國、歐洲、加拿大、南美、英國、日本、中國、台灣及澳洲等，使得老人能參加有組織的學習活動。許多活動安排在暑假大學學生較少的時候。社區團體、教會、藝術及文學團體以及其他的學會，有的由政府支持，有的由大學或學院支持，還有一些是由部分或全部的志工來提供幫忙。

老人寄宿所（Elderhostel）在一九七五年暑假在新罕布夏（New Hampshire）提供五個大學及學院有這種老人寄宿所的活動（張鐸嚴，2000），目的是給六十歲以上之老人學習的機會。

同時提供吃住，當時有二百二十人參加。五年後，這個計畫在全美五十州及加拿大各省都提供，一九九八年，在約七十個國家中有超過二十七萬人參加超過一萬種的老人寄宿所活動。這些活動提供給旅遊者吃住及相關的知識，一種典型的活動是安排一星期的活動，每天三至四小時的指導，另外有旅遊及社會活動。其中最大的團體是五十人，平均每人三百九十元美金，國際活動則提供更多的旅遊及服務，使參加者加入考古及環保等其他特別的活動，有密集的學習活動及需要用到四輪傳動的車子到鄉間的活動。所有的活動都保持學費低廉以鼓勵老人參加，也有一些學費由慈善機構提供。所以他們常鼓勵人們捐獻，對老人的福利很有幫助。

第三年齡表示退休後不再管一個人的年齡，重要的是這段時間你能學些什麼（德州大學奧斯汀分校網站）。

第三年齡大學 U3A（University of the Third Age）目的是一些健康的退休老人利用大學的設備及人員來提供一些他們自己想要的課程，如學習旅遊、文字及休閒活動等來改進退休老人的生活品質的活動（Dale, 2001）。參與老人寄宿所及 U3A 的優點是與社會接觸，趕上時代，比以前的教育壓力少，獲得生活技巧，改善生活品質，加入學習團體，增加了自我發展及生活的力量，保持頭腦的活動且促進健康。

由後來的調查得知，參與此活動之老人很有興趣學到以前沒有學過的知識及經驗。學了以後使他們對生活更有興趣，他們交

到更多的朋友，對自己及生活都更有自信（Dale, 2001）。

這些老人參與終身學習，因心情愉快且有自信，身體更健康，對國家的經濟發展、社會的福利、民主、進步都有幫助。對 U3A 開課要注意到學習目標的不同，他們並非要找工作，他們的目的是自我的提升及交朋友，增加見識等。所以一旦開課要注意入學的彈性化及各種不同的課程內容，有關 U3A 的細節及學費等等問題在此不再詳述。

由以上美國成人教育之發展得知，美國之成人教育受時代改變、社會型態之轉移及經濟進步的影響而進步。其中，美國的民族性志願團體的參與以及一八六二年之捐地法案等，都對成人教育有相當大的幫助。

此外，民間基金會例如卡內基（Carnegie）、基洛格（Kellogg）、福特（Ford）的投入與支持，如經費的提供及舉辦有關成人教育的活動、專題的研究、書刊之發行等，皆有相當傲人的成果（林玉体，1973；Rose, 2002）。

這世界是一個舉世無雙的教室，對那些珍愛生命的人而言，生命是一個值得紀念的老師，每一個人都有無限的潛能等待他去開發（Gardner, 2002）。

第六節
實例介紹

　　美國有名的推廣教育學校，例如芝加哥大學（University of Chicago）、賓州州立大學（Pennsylvania State University）（陳姚真，1998）及鳳凰城大學（University of Phoenix），在很多文章中都有詳細的介紹（邱珍玫，2000），本文僅介紹美國南部有名的大學——德州大學奧斯汀分校之推廣教育，此校之學生約有六萬人，畢業學生表現優異（德州大學奧斯汀分校簡介，2002）。

　　此校推廣教育之主旨為教育的力量能改變人生。

　　美國德州大學奧斯汀分校終身學習推廣教育（The University of Texas at Austin Continuity and Extended Education）二〇〇二年分為春季班、暑期班及秋季班。德州大學奧斯汀分校推廣教育成立至今已快十年了，它主要是靠學校之行政人員自校長到各系的系主任及熱心的老師們配合學生的需要——終身學習，來努力發展，才有今日的成就。

壹、下面幾項為此校之優點

　　1.可獲得德州大學的學分（U.T. College Credit）。

2.適合個人程度之課程（Lower & Upper Division Courses）。

3.可獲得認證的學程（Certificate Program）。

4.便利的夜間學校（Convenient Evening Classes）。

5.不須入學許可（Not Admission Required）。

6.沒有註冊的麻煩（No Registration Hassle）。

在此校優良教師的帶領下學習新知，在夜間上課，網路學習，小班制，新加入者可以優待學分費，且可以抵稅等等優惠的條件。

貳、德州大學奧斯汀分校的推廣教育包含

●非學位夜間學程（None-degree Evening Program）

提供學生的課程包含：

Computer Science　電腦科學

History　歷史

Foreign Language　外語

Government　政府

Business　商業

Science　科學

Literature　文學

Mathematics　數學

　　以及其他之課程使學生可以自我充實，且在學完之後，轉換成較好的工作或申請學位。參與這些課程的學生可以得到學分費之優惠外，還有使用圖書館、學校之電子郵件（e-mail）、免費看足球預賽等等好處。

●專業之發展

　　由有實務經驗之老師教導，可有各種機會與其他專業人員聯繫，提供之課程如下：

Marketing　行銷

Finance　財務

Accounting　會計

Introduction to Business Program（in JAVA）　商業學程導論

Visual Design for Digital　數位視覺設計

Career Planning　生涯規畫

Organizational Behavior & Administration　組織行為與行政

Software Design　軟體設計

Data Analysis & Information System　資料分析與資訊系統

Elements of Networking　網路元素

Argumentation & Advocacy　辯論技巧

Scientific Computing　電腦運算

Interpersonal Communication Theory　人際溝通理論

Business & Professional Speaking　商業與專業演說

Legal Environment of Business　商業法律實務

Fundraising Public/Nonprofit Sectors　政府及非營利事業之募款

Spanish　西班牙語

● 電腦學分認證

為非電腦科系，而需要電腦基礎技巧之人而設，課程如下：

JAVA Programming　JAVA 程式設計

Software Design　軟體設計

Database　資料庫

Networking　網路

Graphics　繪圖

Scientific Computing　電腦運算

● 美國文化進修認證（U.S. Culture is a Foreign Culture Certificate）

課程如下：

Communication　傳播

U.S. History　美國史

America Culture　美國文化

Society　社會

Economics　經濟

Anthropology　考古

Government　政府

TOEFL 至少要五百分才能修。

參、秋季班提供課程之學院如下

School of Architecture　建築學院

　　The modern American City　現代美國城市

　　The Mosque Image　清真寺研究

College of Business Administration　企管學院

College of Communication　傳播學院

College of Education　教育學院

College of Fine Arts　藝術學院

College of Liberal Arts　文學院

College of National Science　國家科學院

肆、春季班提供課程之學院如下

College of Business　商學院

College of Communication　傳播學院

College of Education　教育學院

College of Fine Arts　藝術學院

College of Liberal Arts　文學院

Graduate School of Library and Information Science　圖書館
及資訊科學研究所

College of National Sciences　國家科學院

LBJ School of Public Affairs　LBJ 公眾事務學院

在德州大學奧斯汀分校的學習中心（UT Learning Center），每年有一萬二千人來使用這個網站：www.utexas.edu/student/utlc 可得知有關二〇〇五年暑期開課資訊，有興趣者可上網 www.utexas.edu/cee/calendar/summer 05.shtml 查看。

問題與思考

一、試簡述美國終身教育與台灣終身教育的異同。

二、試述美國終身教育對你的影響。

三、試述美國與台灣終身教育有待改進的地方。

四、如何規畫你的終身學習？

五、試述你對終身學習的願景。

參考文獻

1. 林玉体譯（1973）。西洋教育史——教育問題的歷史發展（頁452）。台北：教育文物。

2. 林寶山（1991）。美國教育制度及改革動向（頁60）。台北：五南。

3. 邱珍玫（2000）。中美大學成人教育之比較研究。暨南大學比教

教育學系論文，85-91。

4. 湯象譯（1984）。美國教育的演進（*Growing up in America By Hechinger, Fred M. and Grace*）。香港：今日世界。

5. 呂俊甫（1967）。美國教育（頁134-138）。台北：台灣商務。

6. 黃敏裕（2001）。「終身教育各國的觀點與經驗」座談會。社教，**105**，6-17。

7. 黃富順（1985）。美國成人教育運動的歷史發展（下）。社教，**7**，40-45。

8. 江雪齡（1992）。從美國終身教育發展談我國成人教育的推廣。成人教育，**7**，25-37。

9. 柯正峰（1999）。終身教育政策法治之探討。教育資料集刊，**22**，81-99。

10. 張鐸嚴（2000），高齡化社會中高齡者的終身學習策略與規畫。空中大學社會科學系社會科學學報，**8**，15。

11. 楊國德（2003）。從美國終身教育發展談我國終身教育努力的方向。成人教育，**74**，14-23。

12. 鐘和安（1994）。從美國成人教育發展過程展望台灣社會與成人教育。成人教育，**18**，35-37。

13. 美國德州大學奧斯汀分校終身學習簡介

The University of Texas at Austin Continuing and Extended Education

University Extension Evening Credit Courses. 2001-2002

Tompson Conference Center 1.122

P.O. BOX 7637

Austin TX 78713-7637

U.S.A.

www.utexas.edu/cee/uex

14. 陳姚真（1998）。大學繼續教育的願景、原則與決策，美國賓州州立大學個案研究。*大學成人及推廣教育國際研討會會議實錄*（頁 173-194）。國立中正大學成人及推廣教育中心。

15. 林振春（1998）。大學在高齡化社會中的角色與挑戰。*大學成人及推廣教育國際研討會會議實錄*。國立中正大學成人及推廣教育中心。

16. Spikes, F. W. (1983). Planning Program for Members of Armed Servi-ces: A Collaborative Eudeavor. *Educational Outreach to Select Adult Populations* (pp.85-95). San Francisco: Jossey-Bass.

17. Dale, L. (2001). Learning in the Third Age. In Aspin, D., Chapman, J., Hatton, M., & Sawano, Y. (Eds.). *International Handbook of Lifelong Learning* (pp.777-798). Great Britain: Kluwer Academic.

18. Rose, A. (2002). Community Benefits, *Adult Learning, Arlington, 13* (4), Fall, 21-22.

19. Hequet, M. (1994). The Union Push for Lifelong Learning, Training, *Minneapolis, 31*(3), Mar, 26-31.

20. Gordon, K. (1996). The United States: Developing the Workforce, Or-ganisation for Economic Cooperation and Development. *The OECD*

Observer, Paris: Dec 1995/Jan 1996., lss.197, pp.48-49.

21. Clark, P. G., & Shatkin, L. (2003). A New Challenge for Education: Addressing the needs of lifelong learners, *The Catalyst. Carlsbad, 2*(2), Summer, 12-15.

22. Gardner, J. W. (2002). The World in your classroom, Lessons in self-renewal, *The Futurist,* Washington, *36*(3), May/Jun, 52-53.

23. Kett, J. F. (1994). *The Pursuit of Knowledge Under Difficulties from Self-improment to Adult Education in America, 1750-1990* California: Stanford University Press.

24. http://www.utexas.edu/cee/thirdage/06, 2005

25. http://www.utexas.edu/student/utlc/ updated 06, 2005

26. http://www. utexas.edu/cee/calendar/summer 05.shtml

第四章

終身教育之實例探討——以中原大學爲例

王惠芝

陳玉台

楊嘉麗

第一節
「終身教育導論」是為提升大學基礎教育而開發的新課程

心理學家桑戴克（Thorndike, E. L.）曾就學習的特質指出：「人類改變自我的力量，就是學習，學習是自身最深刻動人的一件事。」學習不再只是生命中階段性的特定需求，更是普遍且持續性的終身需求。換言之，學習成為一種生活態度，一種慣性活動，不可、不必也不會終止（林繼偉，2000）。

尤其當前知識經濟時代，科技力量帶給人們無限的衝擊，人們周遭的環境不再是恆常不變，而是得隨時隨地再學習。多元化、多量化、多媒體，以及互動、網際（internet）、即時（online）、隨選（on demand）的資訊傳遞流通特性，打破時空限制，促使教學環境中無論教師、教材、教法都與以往不大相同，學習者不分年齡層、不分正式或推廣教育，無不縱身躍進這新型態、新世紀的「終身學習浪潮」。

為因應二十一世紀乃終身學習世紀的需求，中原大學以天、人、物、我四大核心理念與主軸，發展跨領域之整合性通識課程，以期落實其全人教育結合終身學習社區之目標。茲將此一整合型課程之發展架構及步驟，分別敘述如下：

壹、課程發展架構

　　本課程為教育部提升大學基礎教育計畫案所開發的主題整合新課程之一，課程規畫團隊包含：

1. 召集人——人文與教育學院林治平院長。
2. 課程學者——通識科目性質特殊，課程的基礎、理論、類型選擇、科目整合，無論在程序與方法上都須研擬計畫，才能建立目標。
3. 評估專家——課程的類型、模式架構選定後，經過選擇與整理落實為教學目標及內容，經過測驗評估與專家判斷後，才能獲知預期的課程目的有無達成。
4. 學校行政人員及參與教師——(1)校牧室、心理輔導組、教育學程中心各主管參與，兼顧學生身體、心靈雙方面的需求；(2)人文與教育學院主導，由人育學院教職員參與。本研究結合教育心理與評量、課程設計、語文及通識教學等教師合作來發展教學模式、評估課程。

貳、課程發展步驟

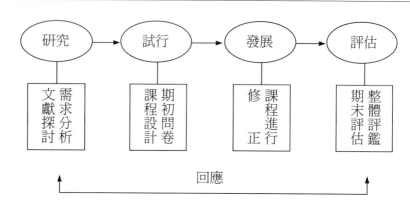

圖 4-1　課程發展模式（改良自黃政傑，1994）

第二節
終身教育之文獻探討

終身教育的發展在國內外均已有多年之研究成果，隨著二十一世紀學習者在個人專業進修及生活藝能方面的高度需求，更多的研究者投入此一領域來鑽研。

事實上，早在一八三三年，德國學者坎普就已提出 Andragogy（成人教育學）這個名詞（Davenport, 1985），後於二十世紀初，由美國學者安德生將「成人教育學」這個觀念推介到美國。而由諾爾斯在一九七○年代末期及一九八○年代初期將這種

成人學習的理論發揚光大。諾爾斯（1990）在他所提倡的成人學習理論中，強調下列幾項成人教育者不可不知的要素：

1. 成人喜歡做自我導向的學習。
2. 成人學習者重視自身經驗的分享，喜歡在課堂上積極參與。
3. 成人學習者重視學習經驗的時效性，希望能立即學以致用。
4. 成人學習者重視自我之學習尊嚴，更甚於年輕的學生。

諾爾斯比較終身學習的成人與傳統正規學校的學生不同的學習方式：

	自導式學習	傳統學習
學習者的概念	獨立的人格	依賴的人格
學習者的經驗角色	進一步學習的資源	等待塑造
學習準備度	生活任務、學習者問題	與個別成熟度有關
學習取向	任務或問題中心	教材中心
動機	好奇心、學習慾	外在獎懲

在以學生為主的自導式學習模式中，諾爾斯認為，課程設計須從教學者（教師）與學習者（學生）兩方面來看。終身學習歷程中的學習者須具備幾項能力，以加強自我認知、自我導向的學習。這些能力與下列幾個因素息息相關：(1)與他人的人際關係；(2)自我的概念與自我了解；(3)轉化自我的學習需求目標；(4)有效的教學與策略；(5)評估自我的學習成就（張德永，2001）。

目前國內注重成人教育及終身教育之結合，學者提出下列幾個成人教育新典範的發展趨勢（楊國德，1997）：

1. 生涯轉變教育——由學校到工作（school-to-work）及工作到學校（work-to-school）發展到現在的工作到工作（work-to-work）。即由正規學校教育畢業，再邊工作邊在職進修，逐漸轉化為工作生涯的轉換之再學習。
2. 社區終身學習——社區中提供居民藝術課程、生活藝能課程及社團活動課程的規畫，幫助居民身心靈的成長。
3. 成人學習組織——兼顧社會需要，成立科技性學習團體、具輔導性能之讀書會等多功能學習組織。

第三節
分析、設計與教學

本節所要探討的是，在大學部通識課程中開設「終身學習」課程的適切性，包含教師的教學準備、教材選用、教學活動設計、如何做教學評量，及學生個人的上課成熟度、學習需求及其他相關部分。

根據 Jenkins（1992）的研究指出，跨領域或跨科目整合課程常以設定問題、探討問題為主要的教學策略，允許學生參與互動，占有極重比例的課堂參與討論、口頭發問和討論的機會，以訓練學生蒐集資料、整理歸納、製作上台報告之輔助教具的能

力。本課程注意學生邏輯思考能力及表達溝通技巧，正是為大學部學生建立他們終身需要的發展能力之基礎。

　　本課程由三位人文與教育學院的教師採取合作教學的方式，開課的原理植基於本校「天」、「人」、「物」、「我」四大教育理念的情意落實。因此，本課程採用「單元主題整合模式」，不採用固定教材，而是環繞終身學習的主題軸，配合成人教育學的理論，提供學生及早思索及規畫未來生涯的準備。核心主題軸包含「自我之身心靈成長」、「自我與他人關係的成長」、「自我與周遭環境的共生共長」等。

　　每一主題單元結束前，設計可供學生做深度探詢的問題，建立「以問題為中心」的學習，由實例的簡介、分析、討論，問題能被反覆思索，碰觸到核心，繼而引出新問題，再深入探索，使學習者能激發興趣，感覺有趣而實用，卻也在這樣的學習中不知不覺融進了天、人、物、我的價值理念在他們自身的學習規畫中。

第四節　課程的內容

　　本課程自九十一學年度開課以來，已進入第四年，九十一學年度第一學期的課程分為五大單元：

　　1.終身學習的個人教育

2.終身學習的通識教育

3.終身學習的情意教育

4.終身學習與社區營造

5.各國的終身教育現況

其內容分述如下：

●第一單元：終身學習的個人教育

講員認為全人教育強調身、心、靈的平衡，而身體的健康從自我身體的保健做起，因此就生活的規畫而言，我們對身體的要求大致可分三階段：

健康→長壽→保養

●第二單元：終身學習的通識教育

講員首先強調：流動的生命，就是記得去學、去活，始終保持一顆「願意」的心！

教師本身就是一個終身學習者，教師的生命就在於不斷提出問題，並不斷尋找答案，使自己與學生同步成長！

其次，揭示教師七大定律：

1. 教師的定律

2. 教育的定律

3. 活動的定律

4. 溝通的定律

5. 心的定律

6. 鼓勵定律

7. 準備定律

●第三單元：終身教育的情意教育

這一部分有兩位講員，他們告訴大家：在神眼中，我們是「寶貝」！

再進一步思考四個問題：

1. 什麼是愛？什麼是喜歡？

2. 何時可以開始談戀愛？

3. 什麼是戀愛中（婚姻中）維繫感情的重要因素？

4. 如何確定對方是愛妳／你的？

又談到台灣一般人的婚姻狀況及現代人之愛——速食愛情（fast food love），老師認為戀愛資格有 3M 的順序：

master→mission→mate⇒婚姻

價值觀　使命　　伴侶

因此，終身之愛必須經得起考驗，愛是永不止息！

●第四單元：終身教育與社區營造

講員講授的重點有：

1. 社區總體營造
   - 造景
   - 造產→（經濟效益）
   - 造人→（lifelong learning）

2. 什麼是社區及社區的組成要素？

3. 為什麼要社區營造？

4. 理想的社區終身學習。

5. 目前推動的困難。

6. 如何推廣全民終身教育？

●第五單元：各國終身教育之現況

1. 講員講授美國及英國的終身教育現況。

2. 全班同學，每組六至七人，分為九組，分別報告一個國家的終身教育現況：(1)德國、(2)法國、(3)丹麥、(4)挪威、(5)瑞典、(6)獨立國協、(7)日本、(8)台灣、(9)中國大陸。

第五節
「終身教育導論」課程的研究與分析

壹、期初學習需求的分析──學生在開學第一週上課時對本科目的期望，可分為理念之學習及實務性的期待

● 理念方面的學習

1. 了解終身教育的理念與未來的發展。

2. 多學習一些老師們對於各種教育的看法或值得改進的地方。

3. 了解國內社區大學的運作。

4. 學習老師的人生經驗。

5. 了解終身學習的方向。

6. 了解各國及台灣終身教育實施情況。

7. 對終身教育有所理解，進而傳達周遭之人、影響他人。

8. 掌握在心理層面的學習方向。

9. 透過學習讓自己心情穩定，由身而心而靈，藉終身學習幫助人格發展。

10. 希望能實際參與終身學習課程教學來增進對社區大學、空

中大學的了解。

●終身發展的實務性期待

1.想知道終身教育與自己有什麼關聯。

2.獲得使身體健康及生活正常的正確知識，減少生病的機會。

3.能學以致用，懂得如何面對未來，並學到自我調適的方法。

4.學習正確的學習方法，希望離開學校後也能有效地學習新事物，不斷地充實自己。

5.替父母安排退休後的生活。

6.學到老活到老的長期學習的方法。

7.知道可以利用的資源，進而規畫自己的未來。

8.找到自我的興趣或專長，並能交到分享心靈的朋友。

9.學到非專業科目方面的知識，了解自己，並可進行規畫未來。

10.如何在忙碌中充實自己。

貳、期末的整體評估

期末整體評估，針對教師之課程安排、教材選用及評量學習的方式做問卷調查，得知學生對此課程之滿度偏高，今以學生期

末學習心得為例分享之。

● 學生期末學習心得的分享

- 終身學習包含很多方面的領域，從基本的讀書到健康、愛情，甚至社區營造、社會大學等，都是終身學習的一環，而這些知識皆是人一生中所必須學習的寶藏。而修習完此課程後，我見識了不少國家為終身學習所設立的機構，也了解到社會上其實有很多可以學習的場所及值得學習的事物，這些新的知識讓我也產生了許多對「終身學習」的憧憬及期盼，相信我以後也會做一位終身學習的學習者。

- 終身學習不只是我們常說的「活到老、學到老」的觀念，而是包羅萬象的，像是「社區營造」、「讀書會」，修習了這課程之後，了解到學習真是一門永不停息的課業，不僅是上課時坐著聽講，也須從我們日常生活中多方面學習，其中了解到最多的是「社區」，它是一個可以彼此互助、終身學習的地方。

- 我想，終身學習對個人、對群體都是很重要的一件事，都是要讓生命活得更有意義。就個人而言，終身學習可以是讀好書、修習社區大學所開的課，或是加入讀書會，這都是能讓自己更成長的活動。對群體而言，社區營造等課程可以讓人有很多的成長，我相信這就是終身學習的涵義。

- 課程內容在介紹的部分較乏味，請講員的課程則比較生

動，以後是否可以斟酌多請一些講員。

- 修完這門課程後，我覺得終身學習的範圍真的很廣，在最後這兩個禮拜介紹各國的終身教育，其實每個國家都有一套實行的措施，尤其現今社會資訊發達，我們幾乎可以隨時隨地學習。從剛開始的社區學習、終身保健、終身戀愛觀到最後的終身教育，仔細想想，其實這些內容幾乎都與我們一生息息相關。

- 開始修習課程的時候，我認為只限於課程及生活上的學習，但是上課後才了解到其中包含很多，生涯的規畫、健康的經營、心靈上的修養都是在聽講之後才了解許多；最令我感到驚訝的是社區的營造也包含在其中，只是由個人擴展到了社區大眾，這一連串的學習使我對終身學習的看法完全不同。

- 終身學習不只是知識上的學習，也是活動上的學習、人際關係的學習，與照顧自己、發展自己的學習。知識只是「個人」的一部分，身為人類，理應有「活到老、學到老」的覺悟，除了「自我」的發展，「他我」的適應也十分重要。

- 更了解終身學習不只是在學習書本上的知識，而有更多生活上的技術或觀念、想法、思考，包含了更多在學校中學不到的智慧，可以讓我們在社會大學中打滾而不受傷，甚至占有優勢。

第六節
結論

鑑於「終身教育導論」是教育部提升大學基礎教育四年計畫案中所逐步發展的課程之一，目前課程已發展到第四年，雖然本課程已受到學生的肯定，但因屬新開課程，在講員邀約、行政支援、排課時間等方面仍有其限制。

今後，本課程將在後續相關研究中，繼續提供教學與學習的成效，以探討更多層面的問題及其所呈現的現象。

問題與思考

一、中原大學的辦學理念和「全人教育」的關係為何？

二、終身教育和社區營造之間的關係為何？

三、終身教育和情意教育之間的關係為何？

四、你居住的社區有沒有從事終身教育的機構呢？如果沒有，你能為自己的社區做些什麼事？

參考文獻

1. 黃政傑（1994）。課程評鑑。台北：師大書苑。

2. 楊國德（2003）。終身學習社會──二十一世紀教育新願景。台北：師大書苑。

3. 林繼偉（2000）。天、人、物、我的全人教育──學習社區總體營造與標竿之建立。中原大學提升大學基礎教育計畫（H066）。

4. 張德永（2001）。*社區大學：理論與實踐*。台北：師大書苑。

5. Daverport & Davenport, J. H. (1985). Andragogical-pedagogical Qrientations of Adult Learners : Research Results and Practice Recommendations. *Lifelong Learning: Omnibus of Practice and Research, 9* (1), 6-8.

6. Jenkins, J., & Tanner, D. (1992). *Restructing for an Interdisciplinary Curriculum.* Boston: The Association of Secondary School Principals.

7. Knowles, M. S. (1990), *The Adult Learner: A Neglected Species* (4th ed.). Huston: Gulf.

本章部分內容曾發表於二〇〇三年十一月東華大學「科際整合與社會實踐」通識教育研討會

附錄

附錄一：「終身學習」範例——宇宙光全人關懷機構簡介

　　「宇宙光全人關懷機構」成立至今即將屆滿三十二年了，而「終身學習」其實是從頭開始就跟著宇宙光一起運作的，透過辦活動、開課及出版書籍和有聲書來推行全人教育，也就是要找回人的每個面向，幫助人均衡發展全人，就是與天、與人、與物、與我的四種關係，找回人的四個層面，恢復人的豐富。宇宙光目前有輔導中心、傳愛家族、出版部、多媒體製作、廣播等等，並出版了雜誌及書訊。

　　目前開的課程有「建立自己的眼光」、「社區心理保健講座」、「慕溪成長班」、「編輯、採訪、寫作暑期密集班」、「舞蹈成長團體」等，開課的師資有專業的醫生和輔導以及專業的文字工作人員，參加的學員包括各個年齡層，而且不限台北地區，有些是從外地來的，像參加精神治療課程的有些人是從很遠的縣市來。暑假期間還有專為兒童、青少年開的課程。

　　除了制式化的教育，其實生活就是一種教育，所以宇宙光也有老年人來當義工。當老人來到宇宙光時，可以獲得許多幫助，平日對他們的親人加以關懷，當他們失去親人時給予安慰和支持；宇宙光有參觀活動時也帶老人去，使他們不會因自己年紀大

了而失去樂趣。

宇宙光領有證照的輔導員都是基督徒，因為一個好的輔導員必須具備三個要件——專業、生命的經驗與生命的信仰。

有些課程如編輯採訪比較偏向技術性，也有些課程如輔導課就比較偏向理念性，但這些課程的根本理念都來自基督教「全人關懷」的理念。就基督教來看，人是很尊貴的，人不只是屬於物質肉體的，亦即不是只有一個層面（one dimension）的。人的意義和價值是很特殊的，我們今天的文化和價值只停留在看得見、摸得著的那個層面，也就是肉體的那個層面；但宇宙光覺得人不是只有這層面，所以如果只以一個層面來設計課程，就設計不出「全人」的課程，人活在天、人、物、我之間，怎麼在這之間找到定位點，整個的概念就由此出來。

宇宙光的師資並沒有特定的團隊，都是來自各個領域的專家或教授，開課的內容不同，就由不同的部門來負責運作，由於大都是志工義工，所以團隊力量很強，因為大家對人都有興趣，都能尊重生命，也了解生命的價值，因此都很努力投入這樣的工作。

除了開設課程之外，宇宙光也出版了書籍和多媒體產品，透過雜誌月刊會有宣傳和開課訊息，有些課報名人數不足就不能開課。

家庭教育、性教育在終身教育中也是很重要的一部分。兩性教育要有正確的價值觀，不是由現象來決定真理，而是由真理來

引導我們的行為。由於現在很多社會問題都由於家庭混亂，所以宇宙光在國、高中有傳愛運動，也發起「真愛要等待」的運動，倡導婚前不要有性行為、婚後不外遇，建立正確的婚姻關係，這也是終身教育的一部分。

總之，教育是一種生命的過程，全人教育就是讓人均衡地發展各個身量，就像耶穌十二歲的時候，智慧、身量、神喜愛祂的心，人喜愛祂的心都一起增長，上帝喜愛祂的心是GQ，人喜愛祂的心是 EQ，智慧就是 IQ，身量就是 KQ，這四個 Q 一起成長，發展成一個圓，就是中國人說的圓融美滿，宇宙光的全人關懷就是這樣的理念。

附錄二：「終身學習」範例──中華基督教新店行道會社區大學

位於台北縣的新店地處台北市的郊區，與都會鄰近，居住許多退休人口，新店市政府提供經費，中華基督教新店行道會提供場地，設立了一個給老人參與的鶴齡教育中心，民國八十八年，松年大學正式成立。

由於社區老人有學習英文的需要，教會也希望將上帝的愛分享給社區，便開設了英文班課程，不以賺錢為目的，除了上課之外，也有義工參與來幫助社區的老人們去戶外教學，舒暢身心，讓課堂上學到的節慶活動也能在生活中體會一下，成為課外活

動。

課程以英文班為主，主要是實用英語，幫助老年人去國外觀光、旅遊、自我介紹、簡單會話及加強表達溝通能力。初級班教材是KK音標配合自然發音法，高級班則教句子，由老人跟著朗讀句子、回答問題，也教一些文法。第三屆除英文班外，又加開一班歌唱班，以英文歌教唱方式來幫助他們學習英文。

學生人數方面，第一、二屆均為三十多人，到第三屆已成長到六十人，因此增加了一班。學生年紀規定要五十五歲以上才能報名參加。

學生程度差異頗大，多數是家庭主婦，也有些是退休的專業人士，課程的重點在提升他們的口語能力。

上課時間是每週二、四的上午，下午上歌唱班。

松年大學未來發展的目標有三：

首先，希望幫助更多社區周遭的弱勢團體，譬如安養院的老人，也能來學習。

第二，希望社區中有更多熱心人士加入，認養需要幫助的老人家。

第三，落實松年大學的課程規畫及相關活動，使更多人受惠。

總之，愛就是在別人的需要上，看到自己的責任，社區大學需要更多人、更多機構的真心投入，才能持續發展，使終身教育植根於每一個社區中。

附錄三：「終身學習」範例──高榮禮拜堂致福益人學苑

桃園中壢的高榮禮拜堂成立已有二十多年了，秉著「神愛世人」的精神，辦理基督化社區的教育，宗旨在於推動終身學習，培養生活情趣，增進現代化的生活知識與技能；並引導社區民眾漸漸的認識語言，營造善良風氣。

民國九十年三月，高榮禮拜堂和致福益人學苑合作，成立成人班與兒童班共七班。

成人班有家庭理財班、親子教育班、成人美語班；兒童班有課業輔導班、美術班、創意手作教室與兒童美語班。目前已進入第五屆，成人十個班，兒童五個班。

高榮禮拜堂開班的特色在於請大學教授來授課，把他們的專長和社區民眾分享，並建立友誼。例如美滿人生講座，家庭理財班、伴我成長親職教育，及利用電影欣賞來學習男女朋友、夫妻、親子之間的溝通技巧。

此外，有認識基督班、基督教與別的宗教之不同及讀書會，藉各種不同的書籍來提升個人的視野。

還有成人 ABC 美語班、成人美語中級班、美語會話中級班、日文基礎班、社區合唱團等，都很受歡迎。才藝方面，有烹飪班、插花班、拼布班。這些成人班的特色是上課開始有十五分鐘的傳福音時間。

　　希望不久的將來，致福益人學苑能得到教育部的肯定，變成社區大學，在人力、師資及財務上永續經營，也吸引更多的人走入教會，讓終身教育在高榮社區落實生根。

附錄四：課程參考書單

1. 與全球同步跨世紀系列研討會實錄 4，終身教育與學習社會之建構（2000）。台北：救國團社會研究院、聯合報系。

2. 與全球同步跨世紀系列研討會實錄 3（2000），疾病預防與健康促進研討會。台北：救國團社會研究院、聯合報系。

3. 終身全民教育的展望（1998）。中華民國比較教育學會／主編。台北：揚智。

4. 啟動學習革命——全球第一個網路教育城市亞卓市（2002）。陳德懷、林玉珮編。台北：遠流。

5. 社區終身學習（1999）。中華民國社區教育學會／主編。台北：師大書苑。

6. 終生教育典範的發展與實踐（1997）。胡夢鯨著。台北：師大書苑。

7. 學習型社區（2000）。中華民國社區教育學會／主編。台北：師大書苑。

8. 我也可以是學習英雄（2001）。林政彥著。台北：遠流。

9. 讓學習 High 起來（2001）。王政彥著。台北：遠流。

10. 學習與你──通往成功快樂之路（**終身學習系列**）（1997）。台北：天下雜誌。

11. 建立終身學習社會的具體途徑──建立高等教育回流教育制度專案研究報告（2000）。台北：教育部。

第五章

社區大學的發展與經營

林震岩

第一節　社區大學的興起

壹、社區大學的重要性

　　過去我們的觀念是六歲入學，二十二歲大學畢業，接著工作到六十五歲時退休。但究竟我們是不是一定要在六歲到二十二歲時上學，二十二歲至六十五歲時中斷學習專心工作，六十五歲退休後停止學習，這是很值得商榷的。以現今世界趨勢發展，以後的社會是每一個階段都在學習，沒有任何一個階段可以鬆懈，也就是我們所說的終身學習。終身學習之目的是讓每一個人在人生的每一個階段，都有適合其需要的教育機會。在縱向而言，包括家庭教育、學校教育與社會教育的銜接；在橫向而言，是正規教育、在職教育與非正式教育的協調。「終身學習」是相對於正規的「學校教育」而言，包括了大家熟悉的所謂社會教育、成人教育、補習教育、推廣教育、繼續教育、回流教育等等。

　　在終身學習社會中，學習的管道多元與多樣，但其中最為重要且影響最大的即是社區大學。因為社區大學的推動設立，是可創造一個新的大學型態，建立一個屬於平民大眾的教育環境，迎向終身教育的來臨；同時社區大學將以最低的投資，提供公民學

習新知，發展潛能的機會，彌補過去資源匱乏的年代，只有少數人能上大學、許多有心念書向上的朋友被拒門外的遺憾。其課程規畫係以現代公民養成教育為主，而非學術精英教育；著重通識性能力培育，而非職業技能訓練；著重公共議題探討，與社會生活緊密連結；採學程式的不分系設計。

貳、社區大學的定位與目標

目前教育部規畫的社區學院係以舊有的專科高職轉型為主，以技職教育為主要內容，可作為未考上大學者將來轉念一般大學的跳板，企圖藉此舒緩升學壓力；而社區大學則以成人為對象，提供全面的教育需求，不以技職訓練為主要目標，亦不以將來可轉念一般大學為主要訴求，一方面提供個人知識發展之機會，另一方面更強調開拓人民的公共領域、發展人民的批判思考與新文化，進行社會改造。若以社區大學與空中大學相比較，空中大學是以在家電視教學為主，配合部分到校面授上課的方式；社區大學則主要是在校上課，老師與學員能充分互動、溝通。社區大學強調學校社區化，扮演社區學習中心的角色，空中大學並無此概念設計。

社區大學兼具普遍性公民大學與區域性地區大學的雙重性質；同時，也兼顧正式大學的高等教育內涵與非正式教育的學習需求。所謂「社區」亦非狹義的僅止於在地區域。社區有多重層

次，以同心圓的方式，由近而遠開展出不同半徑的共同體；社區可以指涉社區大學周邊的小社區、鄰近鄉里或鄉鎮縣市，乃至全台灣。社區大學是一個與社會結合的公共空間，從特殊性的區域性議題到普遍性的全國性公共事務，都是其關注的層面，因此，社區大學之建立涵蓋了以下幾個重要目標：

●培育終身學習的現代公民

社區大學的課程設計以「培育終身學習的現代公民」為目標，設計規畫專業學術課程、生活藝能課程、社團活動課程。以專業學術課程擴展知識廣度，培養思考分析、理性判斷的能力；生活藝能課程可以學習實用技能、培養精緻休閒生活，提升人的工作能力與生活品質；社團活動課程，可以培育公民參與社會公共事務的能力，引發社會關懷，從關心、參與、學習中，凝聚社區意識，引領台灣邁向公民社會。

●增進公共事務之參與

台灣社會由於過去歷史因素及政治的限制，一直未能發展出人民參與公共事務的習慣與能力，人民對於社區公共事務向來不積極，因此積極推動設立社區大學，以活化社區凝聚力、解放社會力、培育公民參與社會事務的能力，成為教育改革新的著力點。藉由公共事務的參與，去面對處理當前社會的問題，引發人本的社會關懷，也提供進行思考與討論的具體素材。以實務結合

學術課程所研討的理論，學員可以得到較紮實的自我成長機會，深化自己對周遭世界的認識，對於身處的社區及環境更加珍惜。另一方面學員經由自主性的社團活動，可為台灣社會的公共事務注入豐沛的人力資源；在公領域內發展緊密的人際網絡，亦有利於促發民間力量的形成，激發台灣民眾對於鄉土的熱情。

●以學員為主體，協同經營社區大學

　　一般學校之運作或授課，皆由行政人員及教師主導，學員常處被動，彼此之間沒有機會經由研習課程經常互動，而形成研習之主體，甚至影響研習內容。社區大學應藉由社團活動、生活藝能課程，企圖提供學員密集互動，這種社區大學將能激發人性中善良與追求公義的一面，更進而引發學員深入公共領域，影響公共決策，改變台灣社會的風貌。另外，每學年學員對授課效果應做教學評鑑，以維持授課水準，亦使學員在學校運作中，擁有相當分量的發言權。這幾種參與管道將提供學員寬廣紮實的民主經驗，也使學員賦有學習者的主體性，大幅增進學習效果。

●引領社會價值

　　隨著文明發展與專業分工，過去屬於日常生活中的基本技術能力皆被專業化所取代，而社區大學的課程以非職業性的技術能力培育為目的，是希望重新回復生活中的自主能力，讓學員重新思考生活的態度，進而掌握生活的主體，改變生活習慣與價值，

建立一個生活型社會。

第二節
社區大學的發展現況

目前，台灣社區大學在各地的發展模式，均是以公辦民營的方式，由各縣市政府提供經費，選擇適當國中或高中，委託民間團體經營辦理社區大學，不僅可減少政府繁雜事務的處理所造成過度負擔的現象，亦可將豐沛的民間社會力量，導入公共事物之中，形成政府與民間雙贏的情況。以社區資源共享原則、節省開辦成本，地方政府所選擇合作之學校，以有較多空教室者及支援者為優先，以利於社區大學之發展。

壹、課程安排

社區大學不分「學系」，而是以「學程」為主；學程的主題可以突顯各個社區大學的課程特色，每個主題相關的系列課程二十四到三十學分為一學程。成人原本已有豐富的生活歷練，所需要的是進一步的活化發展，因此學程制度在學習的自由度與彈性化，均比學系的設置要佳。社區大學並不因此而沒有技術能力培育的課程，此類課程係以：(1)通識性的關鍵性能力養成為主，例如電腦（使用為主，而非電腦專才訓練）、語文（閱讀、寫作、

表達等）；(2)引領社會價值的能力培育，例如轉變消費型社會為生活型社會（擴張主義、保留主義）、生態保育、資源回收、營造家園的動手習慣；(3)提升生活品質的能力，例如音樂欣賞、陶藝、版畫等；(4)弱勢關懷的能力，例如無障礙環境設計、手語課等。

　　社區大學作為一個公共實踐的場所，並呼應關於經驗知識的各項分類，課程規畫通常包含人文學、社會科學、自然科學三大領域，每個領域應包含學術性、生活藝能及社團活動課程，如下表可呈現之：

表 5-1　社區大學包含的課程領域

學術課程	人文學	作為重建世界觀的基礎，養成思考基本問題與時代課題的精神，使學員以更寬廣深刻的觀點看待世界，認識自己，培養理性判斷、分析思考的能力。社區大學要從事根本思考，很多問題要重新回來討論，學術課程還是可以加強。
	社會科學	
	自然科學	
生活藝能	人文學	學習實用技能，培養對生活的美感，激發生活的創意。讓大家重新做「實踐」，回復到人本的生活，從各種實作中，學習各類生活所需的技能。
	社會科學	
	自然科學	
社團活動	人文學	培養公民參與公共事務的能力，引發社會關懷，從關心、參與、學習中，凝聚社區意識，促發民間力量的形成。重新真實地讓大家體驗公共生活並與社區民眾共享。
	社會科學	
	自然科學	

貳、學期與學位制度

社區大學與一般大學相同，每一學年度開課兩學期，每學期上課十八週。唯個別課程開課期程可以彈性化，例如可有短期課程的設計（六週、十二週等）。但因法律層次上，目前社區大學仍屬試辦階段，學員並不具有法律上的學生身分，因此無法據此辦理兵役緩徵。

目前社區大學雖尚無法源依據可授予學士學位，但社區大學的課程學分標準是依照一般大學標準訂定，符合一學分須上課十八小時的規定。在社區大學的規畫中，修畢一百二十八學分即授予學士學位（此為教育部規定一般大學授予學位之最低標準）。目前有意願辦理社區大學的地方政府首長，均承諾發放學分證明與畢業證書，並俟中央相關法令通過後授予學位。

參、全國社區大學數量總覽

表 5-2 全國社區大學設置數量

縣市名稱	社區大學數量（至 93 年 4 月）
台北市	12 所
台北縣	10 所
基隆市	1 所
桃園縣	3 所
新竹市	5 所
新竹縣	1 所
苗栗縣	3 所
台中市	4 所
台中縣	3 所
彰化縣	3 所
南投縣	4 所
雲林縣	1 所
嘉義市	1 所
嘉義縣	0 所
台南市	1 所
台南縣	1 所
高雄市	1 所
高雄縣	3 所
屏東縣	2 所
宜蘭縣	2 所
花蓮縣	3 所
台東縣	2 所
澎湖縣	0 所

第三節
台北市社會大學

壹、源起與概況

　　設立社區大學的構想，源自於八十三年台大數學系黃武雄教授的倡議，經過他的大力推動及鼓吹，民國八十七年三月，民間關心教育改革人士，如召集人黃武雄、史英、顧忠華及中研院副研究員成令方、清大教授李丁讚、彭明輝、台大師大教授洪萬生、成大教授林朝成、北市學障者家長協會監事唐光華、華梵大學副教授蔡傳暉、人本教育基金會教改專案行動部主任阮小芳等人，一同組成了「公民社區大學籌備推動委員會」，在人本教育文教基金會的行政支援下，著手在全國各地推動社區大學的設立。

　　八十七年九月二十八日在台北市政府教育局的經費支持及木柵國中的協助下，台北市文山區社區大學成立，此為全國第一所屬於平民大眾的社區大學，而由於績效卓越，獲得學員及當地社區廣大迴響，之後各地方政府均表現出高度的籌辦意願。目前台北市十二區皆設有社區大學，為國內社區大學發展最為健全之縣市，社區大學皆經過公開競標，以委託外界專業的機構來辦理，

並配合北市的國中或高中來提供教學場所，九十三年度北市社區
大學總覽如表 5-3 所示：

表 5-3　台北市社區大學的經營現況

社區大學	承辦單位	設置地點
文山社區大學	社團法人台北市社區大學民間促進會	市立木柵國中
士林社區大學	財團法人崇德文化教育基金會	市立百齡高中
萬華社區大學	財團法人九九文教基金會	市立龍山國中
大同社區大學	財團法人淨化社會文教基金會	市立建成國中
信義社區大學	財團法人光寶文教基金會	市立信義國中
南港社區大學	財團法人致福感恩文教基金會	市立成德國中
北投社區大學	財團法人台北市北投文化基金會	市立新民國中
內湖社區大學	財團法人愛心第二春文教基金會	市立內湖高工
松山社區大學	財團法人泛美國際文教基金會	市立西松高中
中山社區大學	台北市私立稻江高級護理家事職業	私立稻江護家
中正社區大學	台北市私立開南高級商工職業學校	私立開南商工
大安社區大學	台北市私立開平高級中學	私立開平高中

貳、文山社區大學

　　基於社區資源共享的原則，文山社區大學並無專屬的獨立校
園，而是設於台北市文山區木柵國中校園內。利用週一至週五的
夜間及週六下午開班上課，少數課程於白天利用文山區各圖書分
館、活動中心上課。目前獨立使用空間有：行政辦公室一間，及

共用空間：普通教室十間、工藝教室一間、視聽教室二間、會議室一間、圖書館一間。

文山區社區大學第一季課程於八十七年九月二十八日開學，十二月十九日結束；共計有三十八門課，學員八百四十人，上課人次（每門課學生數的總和）1,146 人次。第二季課程於八十八年三月一日開學，五月二十九日結束；共計有五十九門課，學員1,040 人，上課人次 1,652 人次。在九十三年上半年共計有六十門課，學員 1,331 人，顯示了此社區大學穩健發展的趨勢。若分析其學員結構，學員之學歷分布：國中以下、高中、專科、大學以上分別為 9%、35%、26%、30%，七成未具大學學歷，符合社區大學提供大學就學機會之目的。而全部學員中，文山區居民56%、北市其他行政區學員23%、外縣市學員21%，亦符合提供區域性教育需求之目標。

●文山社區大學課程設計

文山社區大學的師資陣容，包括大學教授、民間社團專業人士，兩者各占一半。廣納社會資源、師資多元化，因此社區大學的課程內涵與學習內容，遠比一般大學更貼近社會、接近生活，這是社區大學最寶貴的地方。同時，文山社區大學設有教學研究會，負責課程規畫研究、師資延攬，並按課程領域：人文學、社會科學、自然科學、社團活動、生活藝能等分設小組運作。依社區大學理念與實際上課經驗，就各課程的架構與內容進行規畫。

在教學方法與學習型態方面，透過課程設計與教學方法研討會，來進行經驗交流與問題探討；其次透過全面的問卷調查，了解學員學習成效，並分析學員背景、教學方法與學習成效之關係。最後在行政組織、校務推展方面，透過試辦文山社區大學的實際經驗，提出社區大學組織運作與校務推展的模式。

●與文山社區的互動

文山區社區大學是由台北市政府教育局委託試辦，文山區公所、各鄰里長、社區發展協會、台北市立圖書分館均給予很大的支持。在第一季開學前，分別舉辦了兩場的「社區說明會及大街小巷課程博覽會」；第二季開學前，也為社區居民舉辦了「文山采風行」的導覽活動與社區跳蚤市場的活動，由社區環境教育學程的教師們帶隊，藉此與當地社區民眾溝通課程。文山社區課程說明會是希望藉由教師們對課程的親自介紹，讓學員們對於課程有更進一步的了解，也拉近社區大學和社區居民間的關係；另一方面，則是希望藉由邀請地方的社團表演（如優劇場、社區媽媽扇子舞、韻律舞），使社區大學與居民相互融合，發展出獨特社區生活。

第四節
新竹市社區大學

　　九十三年度新竹市有五所社區大學，其中青草湖社區大學於八十八年三月一日正式開學，為全國第二所社區大學，而在新竹市政府支持下，新竹市的社區大學不但頗具規模，同時也具有當地特色，以下簡介其中三所較具特色及規模的社區大學。

壹、青草湖社區大學

　　「終身學習」是目前政府大力推動的社會教育政策，希望全體國人活到老學到老，讓我們的社會更有知識、更具文化，成立社區大學是實現這個目標的有效方式。這個觀念在新竹市獲得支持，並成立新竹市社區大學籌備處，時報文教基金會大力協助，及新竹市府全力支持下，新竹市青草湖社區大學於八十八年三月一日上午正式成立。

　　民國九十三年三月所開班級為第十一季，此季開設九十一門課程，相較於其他社區大學，青草湖社區大學師資相當具有地方特色，多來自清大、交大教授及地方文史工作者，所開課程偏重人文科學。由於新竹市政府鼎力支持加以補助，學員享有部分課程免學分費和保證金之優惠。第十一季約 1,600 人次選修，學員

四十歲以下占 56%、女性占 65%。第十一季課程類別包括：人文學（10 門）、社會科學（8 門）、自然科學（4 門）、表演藝術（8 門）、身體與保健（5 門）、DIY 創意工藝（9 門）、生活美術（9 門）、語言與國際文化（11 門）、電腦、網路與自由軟體（17 門）、公共性社團（10 門）。

　　青草湖社區大學由育賢國中提供教室及相關教具，教授、講師則聘請學者、專家擔任，並與在地九個社區合作關係密切，開拓了二十二個社區學習教室，並與清大、交大、高速電腦中心、竹女、竹中等十七個系所、學校單位共享教學資源。校內有十個公共性社團，師生共同經營專屬的電腦中心、圖書室、咖啡屋、Linux 工作站、校園無線網路，已發展為全方位的社區大學。

貳、香山社區大學

　　香山社區大學位於香山中學內，自成立到民國九十三年三月，所開班級為第八季，課程可分為八大類，共有五十八門課程，另外尚有九個校園自主性社團，凡有意願之學生皆可自由參加。

　　同時，香山社區大學與青草湖社區大學和風城社區大學合作，共同開設一到二學分不等的知性旅遊課程，學員不須繳交學分費用，只須預付保證金五百元，在完成知性旅遊課程即會退回保證金，以鼓勵學員參與知性課程、深入了解各項事務。第八季

知性旅遊課程包括： 三義木雕博物館之旅、參訪桃園縣社區大學中壢教學中心、公共電視台之旅、參訪國家高速網路與計算中心、六家古厝群與高速鐵路之旅、南庄東河原住民部落文化之旅、北埔大隘風華紀行。

參、科技城社區大學

九十一年二月，新竹市東區有一批熱心人士完成 1,104 人連署建議案，盼新竹市政府研究辦理成立第三所社區大學。經過徵求發起人和章程的草擬等準備過程，科技城社區大學於九十一年七月五日由新竹市政府核准設立。科學城社區大學目前暫訂的校址為光復路一段的光武國中，可以說鄰近科學園區，因此，對於科學園區員工的進修教育和人文素養之提升，社區大學可以說是責無旁貸。基於以上的在地社區背景，科學城社區大學的發展目標如下：

1. 普及成人教育，實踐終身學習的理想。

2. 承辦社區藝文，促進社區發展。

3. 整合社區資源，激起社區意識，鼓勵參與公共事務。

4. 建立在地社區與科學園區的對話，促進社區的溝通了解。

5. 結合科技與人文，建立具文化與創新性的新城市。

6. 立足社區、關懷竹塹、放眼國際。

除了了解地方社區的需求，推動終身學習，也結合社區資

源，尋求和大學的合作。因此，科學城社區大學乃和新竹地區具有人文思想與社區關懷精神的玄奘人文社會學院建教合作。該校有不少人文及社會科學方面的課程，以及各學科的優良師資，諸如成人及社區教育系、大眾傳播系、新聞系、法律系、應用心理系、社會福利系、公共事務管理系、企業管理系、宗教系等，除了可以支援科學城社區大學以外，對於本地師資的水準，將有相當的提升作用。尤其成人及社區教育系具有堅強的師資陣容和專業的社區大學規畫團隊，故擬以「建教合作」的方式，和該校簽約，聘請該校教授負責科學城社區大學的規畫與經營。

第五節
桃園縣社區大學

　　不同於台北市在每一行政區域設立一所社區大學的做法，桃園縣政府將桃園縣劃分為五區，將其所設立的社區大學分為五大教學中心，如桃園、中壢、觀音、龍潭及大溪教學中心；此外，同時把成立社區大學的權限下放至各鄉鎮，可自由成立市民大學或是鄉民大學，目前成立的有平鎮市民大學和八德鄉民大學。

表 5-4　桃園縣社區大學五大教學中心簡介

教學中心	涵蓋區域	上課地點
桃園教學中心	桃園市、蘆竹鄉、大園鄉、龜山鄉、八德市	桃園國中
中壢教學中心	中壢市、平鎮市、楊梅鎮	中壢社教站
觀音教學中心	觀音鄉、新屋鄉	觀音社教站、保生國小
龍潭教學中心	龍潭鄉	龍潭社教站、龍潭國小
大溪教學中心	大溪鎮、復興鄉	大溪社教站、大溪國小

壹、桃園社區大學

　　桃園縣的社區大學是由桃園縣政府社會教育科負責，分為五大教學中心，整合現有之各項成人教育活動，提供縣民廣泛多元的終身學習機會，培養具有社區關懷意識的現代公民，並密切結合社區總體環境；同時，也盼結合企業界與職業教育機構，推展職業繼續教育，培養縣民第二專長，匯集地方文史工作團體與個人、各級學校教育機構。

　　桃園縣社區大學之學分制採學程規畫，每學程含學術、社團活動、生活藝能等三大類課程，各學期以為期十四週為原則，短期非學分不受此限制。而為推廣社區大學功能，結合社區營造之發展，九十三年上半年度所開的一百零六班中，有二十四門核定補助的免費社會改造的人才培訓課程。

貳、平鎮市民大學

　　雖然平鎮市民大學之主辦單位是桃園縣平鎮市公所，但承辦單位為桃園縣社會教育協進會，且平鎮市民大學隸屬桃園縣社區大學架構之下，故學員每學期凡出席率達三分之二以上者，修畢學分由桃園縣政府核發學分證明單，累計修滿各學程學分數由桃園縣政府頒予學程證明書；修滿八十學分等同二專學歷，由開南管理學院授與證書。

　　九十三年度重點推廣課程為成人及外籍新娘識字班、E 藥 e 點通——藥學知識兩學分、田野調查及口述歷史、社區鄉土導覽人員培訓、休閒農業導覽、社區刊物編輯、原住民文化賞析，所有重點推廣課程皆有獎勵補助。

參、八德鄉民大學

　　為擴大終身教育實施層面，並提供鄉民更豐富、更寬廣的世界觀，增進生活及工作技能，充實生命內涵，八德鄉自八十八年九月起與銘傳大學合作開辦「鄉民大學」，由鄉公所補助一半費用給每一位就學鄉民，同時也歡迎其他鄉鎮學員全額就學。在推廣階段的前六期共有 1,600 位鄉民報名參加上課，且深獲好評，故在第十期（93 年 3 月 1 日起至 93 年 5 月 31 日）課程內容涵

蓋多元化，涵蓋攝影班、書法班、藝術欣賞班、人際溝通班、
POP 廣告字體設計、插畫班、實用英日語、電腦班等等。

第六節
高雄縣旗美社區大學

九十年三月，高雄縣第一所社區大學在旗山、美濃交界的旗
美高中正式掛牌運作，地點選在傳統農業的鄉村旗山區，更是著
眼於彌補教育資源城鄉分配不均的考量，為台灣第一所農村型的
社區大學。在無前例可循之下，透過社區大學行政人員（來自美
濃愛鄉協進會）長久身處農村的體驗認知，確立農村型社區大學
是「位於農村，服務農村，多元學習，帶出行動，打造快樂生活
的社區大學」的創校理念。

壹、旗美社區大學的運作

旗美社區大學是由長期推廣鄉土文學、耕耘社區工作的「鍾
理和文教基金會」規畫經營，由鍾鐵民先生擔任主任，並邀聘推
展反水庫運動數年、深具社區基礎的「美濃愛鄉協進會」工作幹
部擔任部分行政人員，其餘工作人員皆由「鍾理和文教基金會」
聘任，同時亦負責旗美社區大學之財務支援、財務監督、重大校
務監督等工作，並向高雄縣教育局負責。鍾理和文教基金會以

「多元族群、多元學習」為宗旨，強調「農村、族群」作為此社區大學的特色，同時強調「公民參與」之重要性，並且秉持「教學相長」、以「學生為主體」之行政服務，根據以上原則來設計旗美社區大學的組織架構。

　　為了讓學員能安心上課，旗美社區大學比較特殊的服務是在旗美高中主校區，推出目前獨特的托育服務。週一到週五晚上七點到九點半，學員可將三歲到十一歲的小孩，交由社區大學的托育服務代為照顧，每人每次為新台幣一百元。

貳、旗美社區大學的課程設計

　　鍾理和文教基金會成立於民國七十八年，是南台灣活躍的法人團體，除了成立全國知名的「鍾理和紀念館」，作為推展鍾理和文學及台灣文學的基地外，也定期舉辦笠山文藝營，積極參與美濃與南台灣的社區公共事務；同時，因為旗山區在高雄縣的地理位置上，包括九大鄉鎮，範圍涵蓋旗山鎮、美濃鎮、內門鄉、杉林鄉、六龜鄉、三民鄉、桃源鄉、茂林鄉、甲仙鄉，整體區域呈現出以傳統農業為主的生活型態；而在族群文化上，展現閩南、客家及原住民的多元特色。如此的地理、族群特色，便充分融入作為社區教育功能的課程設計之中，這也體現出旗美社區大學迥異於一般社區大學。課程分類成學術性課程、生活藝能性課程及社團性課程之外，另闢蹊徑整合成四大學程十六區塊，分別

為：

1. 族群與文化學程：語言傳承＋風俗信仰＋藝術文學＋歷史智慧
2. 農村與農業學程：社經歷史＋生產行銷＋價值生活＋探索挑戰
3. 社區與成長學程：社區營造＋精緻生活＋教育改革＋巧手工藝
4. 環境與健康學程：自然探索＋綠色思潮＋科技反省＋健康生活

在創校的前二年，由於是高雄縣當時唯一的試辦社區大學，因此在政策要求下，除了須於旗山區開課之外，尚須負責岡山及鳳山的分班開設，對於區內除旗山、美濃、茂林以外之偏遠區域，無法積極開發。一直等到第三年（92 年度），高雄縣分別於岡山區及鳳山區成立另外兩所社區大學之後，才能全心全意經營旗山區，並開始透過「課程委員會」的課程諮詢、開發功能，逐步將社區大學的教育資源深入至杉林、內門、甲仙等鄉鎮，具體實踐旗美社區大學作為旗山區社區大學的整體意義。

第七節 宜蘭縣社區大學

民國八十七年時，宜蘭縣縣內高等學府只有國立宜蘭技術學

院、私立佛光大學、復興工商專科學校以及海洋大學（借用蘇澳海事學校教室），而各校均開辦各種推廣教育課程，大量提供縣民再進修的機會。唯開班課程類別各有不同特色與偏向，且招生人數亦尚未能滿足廣大縣民的需求，所以宜蘭縣急需屬於縣民自己的大學，以針對地方的需求與特色來發展課程，來培育現代公民所應具備的知識能力與公民素養。

壹、發展歷程

　　基於以上的認知以及台北地區籌設社區大學的鼓舞與激勵，宜蘭地區的教改人士也在八十七年年底開始提出設置宜蘭社區大學的構想，並與教育局開始進行討論八十八年三月七日，宜蘭縣長、教育局及部分民間團體（仰山、慈林文教基金會）受邀參加在新竹舉行的「落實高教於地方——迎接社區大學的新時代研討會」，與來自全國各地推動社區大學的地方政府及民間團體共聚一堂，就社區大學的設置問題進行廣泛的討論。八十八年八月間，宜蘭縣政府再召集縣內各文教團體會商社區大學籌辦事宜，八十八年十月六日正式成立「宜蘭社區大學教育基金會」，開始推動籌設宜蘭社區大學。

　　宜蘭社區大學教育基金會基於教育改革與社會重建的理念，本著愛護鄉土同胞的精神，開始整合縣內各文教資源，觀摩其他縣市之社區大學，負責編寫「宜蘭社區大學籌設計畫書」，送交

宜蘭縣政府審核通過後，由縣政府提供經費，撥款委請基金會負責設置並經營宜蘭社區大學；同時，經由教育局及復興國中的協助，提供工作人員辦公室及學員上課教室，讓社區大學解決了經費與場地的問題；另一方面開始籌組「課程規畫委員會」，進行課程之規畫與講師之聘請，經過各方的支持與努力，宜蘭社區大學終於在八十九年四月十日開始上課，展開了為期十二週的八十九年上半年的試辦期。

八十九年試辦課程得到各界熱烈的迴響，八百多位學員的鼓勵，讓當初籌辦時的憂慮一掃而空，社區大學給蘭陽鄉親創造了一個新的終身學習的機會與空間。但是，在社區大學於溪北的復興國中提供新學習機會的同時，「溪南」的鄉親開始發出不平之鳴。礙於年度經費的緣故，歷經八十九年下學期的努力，直到九十年上學期，終於在溪南的羅東鎮東光國中，開闢了宜蘭社區大學的第二校區，溪南鄉親終於如願以償。

九十年上學期加開了羅東校區之後，兩校區合計選課註冊的人數增加到 1,401 人，人次則高達 1,722 人次。九十年下學期，儘管課程審查益加嚴謹、每班學員人數定下嚴格的上限，宜蘭校區的註冊人數還是達到 1,108 人、羅東校區的註冊人數也增加到 926 人，兩個校區合計人數達 2,034 人、2,379 人次。

貳、學程證書

　　宜蘭社區大學修業年限沒有限制，只要修滿一百二十八個學分，即可由縣政府授予畢業證書，但對部分民眾而言，一百二十八個學分也許遙不可及，所以宜蘭社區大學特別規畫了「學程證書」構想，將性質類似的課程（含學術、社團、技藝三類）組合成同一學程，學員修滿每一學程學分數達二十學分後，社區大學即授予「學程結業證書」。希望透過學程的設計與整合，將某一類別的知識、社團參與、生活藝能等科目，有系統、循序漸進地讓學員得到豐富、完整、深入且全面性的關照。宜蘭社區大學推出以下八種「學程」規畫，如表 5-5 所示。

表 5-5　社區大學的學程規畫內容

宜蘭學程	宜蘭地理、宜蘭社會運動、宜蘭的寺廟文化、宜蘭的史前文化、宜蘭的田野調查、宜蘭的政治發展、宜蘭的博物館、宜蘭的水文、宜蘭的森林等。
傳統藝術學程	傀儡戲、歌仔戲、北管、廟會慶典、民俗童謠、民俗年節、民俗手工藝、傳統小吃等。
建築學程	宜蘭的都市計畫、宜蘭的歷史空間、宜蘭的住宅規畫、宜蘭厝、傳統美學、校園規畫、建築概論、優職生活空間營造、圖解建築物安全等。
觀光產業學程	環保 DIY、污染防治、環境科學概論、蘭陽湖泊之美、蘭陽自然之美與保育等。
幼教學程	幼教人員專業倫理、幼兒行為觀察、兒童心理、兒童輔導與諮商、如何說故事等。
管理學程	行銷管理與規畫實務、促銷策略與廣告設計、生活理財、生涯規畫、電腦化專案管理、生活與保險
經典學程	老子、莊子、實用易經學、易經與天干地支、詩詞吟唱、禪與生活等。
觀光產業學程	活動企畫、旅遊行程規畫、觀光資源與觀光發展、觀光大使、冬山河專題研究等。

第八節
社區大學的未來發展

壹、社區大學的定位

　　從創校之始，社區大學不只定位於技職教育或藝能教育，而

是更著重通識教育，其課程規畫為人文、社會科學、自然科學、社團活動及生活藝能五大類，便是為了使學員能普遍接觸各類課程。可是若對於課程安排不做任何設計規畫，任由市場法則在掌控，那麼各個社區大學的學風如何建立？如何擁有獨特的定位？我們須認真思考，教育是不是自由經濟的附屬部門？社區大學的課程是不是可以進行起碼的規畫，在順應社區居民意願的同時，也能把教育理念一併考慮？把社大完全交由市場法則去掌控，依照選課的多寡來決定所開設的課程，便要犧牲社區大學的辦校理念及社區意識。

此外，社區大學對於在地文化，像是客家文化的新竹和苗栗、勞工密集的三重及高雄、歷史淵源的鹿港及萬華，都可特別規畫設計學程內容，進而轉化成各社區大學的特色。讓知識的力量與社區大學結合，是社區大學努力的方向，像是「芝山岩文化尋根」、「故宮之美」、「揭開士林官邸神秘面紗」等本土在地文化，可藉由社區大學再次顯揚推廣，面對全球化激烈挑戰的台灣，或許可創造出獨特的文化定位。

貳、師資的長期培養

社區大學師資皆屬兼職，原則上每年一聘，必要時得兩年一聘或三年一聘，視約聘對象之條件及學校之需要而定。師資來源以一般大學之年輕研究生、大學畢業生、社區專業人才、社工人

員及具特殊技能者擔任。雖然在某些社區大學附近有學院師資可以支應，但稍微遠離大學的地區怎麼辦？為了要發展師資的長遠培育計畫，台北縣之前一口氣成立五所社區大學，這五所社區大學與最早成立的台北市文山社大附近都還有大學，先吸引學院師資來協助年輕師資，在這六所社大之間，透過緊密研討發展社區大學的教學。當年輕師資累積一定經驗後，再讓他們到其他各地去擔任師資。社區大學與一般大學的本質不同，這些學術課程的年輕師資都具有相當於碩士學位的專業能力，與學院師資兩者相互激盪，社區大學的師資能力會更有開創力。此外，辦社區大學刊物，加強各地溝通，成立社區大學文庫，提供教學材料，都有助於教學品質的提升。

但現在各地都想設立社區大學，而師資發展的速度會不會遠遠落在各地需求之後，造成許多社區大學的教學品質粗糙？因此，這是各縣市在成立社區大學時，首先要考慮的問題。而像是北縣永和社區大學現在就有儲備師資的方案，公布所需的儲備學術課程類別，請意者交付最高學經歷及相關資料，再召開講師聘審委員會評審，並舉辦新課程研討會，由全體師生公開評估。

參、正式授予學位

目前教育部尚無法源依據可正式授予社區大學的學士學歷，故在學員修滿一百二十八個學分後，是由縣政府授予畢業證書，

而未正式授予學士學位。而在各方關心社區大學的人士鼓吹下，皆認為社區大學設四年制而核發畢業證書，正式授予學士學位，其意義是多重的：

1. 實現學員完成大學學業，接受較完整現代教育的願望。
2. 協助紓解升學壓力，間接打破文憑主義。
3. 普遍提升全民素質。
4. 給予專科畢業生進修機會。
5. 提供各界在職進修的課程。
6. 改進社會技術主義與工具主義傾向。

台灣數十年來的大學教育本質是專門教育，訓練領域過分窄化於單一科目，造成今日社會領導精英，只重技術不重精神的流弊。社區大學強調通識課程，著重各門課程之精神，兼具人文主義，設四年制並給予正式學士學位，可吸引各界人士至社區大學修課，取得通識課程之學分，發展公共領域與改造私領域，進而促使社會強調人的主體性，強調由問題出發，藉由讀書資料、實際事務與討論互動，去提升個人認識世界的層次，從而發展未來的新文化。

肆、社區大學展望

社區大學的成人學習是一種全新的經驗，因此必須長期進行教材的研發工作，從教學實務中不斷累積修正，提出適合的教

材。加強發展以經驗知識為核心的課程；白話知識，讓一般平民大眾也能分享人類知識的成果。學術性課程是重要的，然而並非是將大學所講授的原封不動搬到社區大學來教，也不是將這些課程教淺一點，而是知識性的傳達的角度必須調整，而且要重新建構知識。傳統大學的學術課程是以知識系統為主體，社區大學則是以人為主體，從生活經驗的角度出發。

如果我們對於社區大學的課程和師資有妥善的計畫，給予足夠的資源支援社區發展，或許可以吸引優秀的師資把社區大學當作發展另類學術與文化的搖籃，在學術教育上彼此不斷的交會與激盪，深入耕耘研究。因此，社區大學若能集合各方人才，吸引居民主動投入社區大學的各項活動，形成人文薈萃的生活環境，有朝一日或許會從平地建立起社區的主體文化，使每個社區大學融入居民生活，達到全民終身教育的目標。

問題與思考

一、社區大學定位與目標為何？

二、社區大學如何運作？運作方式與一般大學有何差異？

三、台北市有哪些社區大學？其課程有哪些特色？

四、國內其它縣市還有哪些社區大學？其課程有哪些特色？

參考網址

1. 社團法人社區大學全國促進會

http://www.napcu.org.tw/napcu/

2. 台北市社區大學聯網

http://www.tpcc.tp.edu.tw/

3. 文山社區大學

http://tcu.taconet.com.tw/

4. 新竹市青草湖社區大學

http://www.bamboo.hc.edu.tw/

5. 香山社區大學

http://www.hscu.hc.edu.tw/

6. 科學城社區大學

http://www.s3c.com.tw/

7. 平鎮市民大學

http://www.shedu.org.tw/pgshedu/main_back.htm

8. 高雄縣旗山區社區大學

http://cmcu.tacocity.com.tw/

第六章

大學推廣教育的規畫與經營

林震岩

第一節
大學提供在職人士進修管道分析

　　教育部為了建立多元彈性之高等教育體系，強化高等教育體系在職進修功能，建構終身學習社會，在民國八十七年六月二十九日所公布的「大學辦理研究所、二年制在職進修專班及大學先修制度共同注意事項」中，指出各大學於教學資源充裕及確保教學品質條件下，得辦理研究所、二年制在職進修專班及試辦大學先修制度。自此，高等教育的資源開放，在職社會人士有了更多進修的管道。

　　進入知識經濟時代，人人都知道學習的重要性，靜心觀察可發現每個人學習的動機不同，有些人想充實知識，某些人是為了增加個人專業技能，有些人是為了獲取學位，不管動機為何，都使進修需求大增。目前，在職人士若想再進修，除了可利用私人開辦的補習班外，各大學院校亦利用本身的資源，配合需求開辦了多樣化的進修課程。

壹、進修學制比較

　　目前，大學之進修學制包括推廣教育及正規學制（有學位）兩種。其中，推廣教育又分為學分班及非學分班兩類，除少數須

經過甄選手續外，通常學員只要報名繳費即可上課，上課時間以夜間及週末假日為主，學員修滿課程之後，即可獲得結業證書，學分班還需要通過成績考核，才可取得學分證書。

　　而研究所的正規學制可分為學位班與碩專班（碩士在職進修專班），則要通過入學考試，才能取得就讀資格。在上課時間方面，學位班是依一般學生的日間時間來排課，而碩專班則是利用夜間及週末假日的時間上課。關於推廣教育與正規教育在後面將做更詳細的介紹，將在職人士進修學制比較整理如表 6-1。

表 6-1　進修學制比較表

學制	種類	特色	上課時間	修業年限	收費
推廣教育	學分班	修業成績及格發給學分證明，日後考上正規學制可抵免學分	以夜間及週末假日為主	依各班規定，通常無期限	以學分計費。另有雜費及報名費。學費因各校各班而異
	非學分班	課程內容多樣化，可滿足不同需求		無	收學雜費及報名費
正規學制	學位班	係一般研究所課程。以一般生為主，各校亦有在職生之名額	同研究所一般所規定的日間時間上課	1～4 年	研究所一般收費
	非學位班	專為在職人士開設，修業結束可獲碩士學位	以夜間及週末假日為主	2～6 年	學雜費＋學分費學分費由各系所制定，因各校而異

貳、推廣教育介紹

推廣教育主要是利用工作之外的閒暇時間上課，因此，課程多安排在星期一至五的晚上，以及週末假日。分為學分班及非學分班。

●學分班

所謂的學分班是由各個大專院校以既有系所辦理的課程，學員可以依本身意願及興趣，選讀自己所喜歡的科系與科目來就讀，學分班的開課時間同樣是以學期來做區隔，分為上、下學期，各個課程也須期中及期末考試，並有出席的平時成績考核，成績及格後（大學部 60 分，研究所 70 分），學員可獲學分證書。若考取該校與該課程相關之大學部科系或研究所碩士班，學分可依規定順利減免，跨校學分承認通常較為嚴格，學員可向各校系所詢問。目前，各公私立大學院校推廣教育開辦最多者為碩士學分班，以及部分的大學部學分班，特別是商學或管理類的碩士學分班。

●非學分班

非學分班通常無成績考核，只要出席次數符合規定的條件，雖無學分，但可獲得學校的推廣教育證明或是結業證書。這類非

學分班課程內容包含如電腦課程、語文課程、商業課程、社區服務類課程、政府委訓類課程（如職訓局、青輔會、教育部委託辦理之技職訓練）、企業委訓、各類認證課程，以及寒暑假學生海外遊學等多元化的課程。

　　表 6-2 為中原大學推廣教育業務分類表，分為中原大學自行辦理與外界委託辦理。在學分班方面，目前已有自辦的大學部學分班、碩士學分班、師資培育班等，以及企業委訓之高階主管碩士學分班。在非學分班方面，除了自辦的商務、設計、語文、電腦、演講、才藝班外，亦有接受委訓而開辦之各類非學分課程。此外，中原為服務社會大眾，非學分班課程又可分為營利性與非營利性的社會服務課程。

表 6-2　中原大學推廣教育之業務分類

主辦單位	課程性質	學分班	非學分班	
	推班單位		營利性	服務性
自辦	推廣中心 電算中心 體育室 各院系	大學部（商務人員） 碩士班 師資培育班	商務班／設計班 語文班／電腦班	演講班／親子班 才藝班／生活班
委訓	企業委訓 政府委訓 機構委訓	高階主管碩士班 會計人員碩士班	語文班／電腦班 職業訓練班 工程品管班	

參、中原大學的推廣教育課程規畫

由於推廣教育與正規教育不同之處在於推廣教育僅提供學員修業學分，且學員修業完畢後，學校只能頒給學員修業學分證明，無法授予正式學位。而正規教育則不然，學生只要依教育部的規定完成修業科系要求的學分數，學校即會頒給學生畢業證書，並授予正式學位。雖然參加推廣教育中心的修業課程，無法獲取教育部正式頒給的文憑與學位，但在知識經濟時代「終身學習」概念的建構下，推廣教育中心所扮演的社會服務功能角色，卻不容忽視。

●學習領域廣泛，課程內容多樣化

就開設的課程而言，中原大學推廣教育中心設有學分班、非學分班、政府委訓、企業委訓、海外遊學、社區服務等六大類。就學分班部分而言，學員在修完學分班的課程後，一旦有機會考上中原大學正規學制內的相關科系時，學分班的修業學分數即可抵免。目前，學分班開設的課程，又以商管領域方面較受學員們的歡迎。此外，學分班課程又可劃分為大學部學分班以及研究所學分班兩大類。

在大學部學分班方面，已開設心理系、財經法律系、國際貿易系、室內設計系、商業設計系、會計系等班別；而研究所學分

班部分，則已有企業管理系、資訊管理系、會計系、財經法律系、工業工程系等課程。

●掌握社會脈動開設相關學習課程

在非學分班方面，推廣教育中心所開設的課程則以技藝性及生活性的訓練為主。此方面的課程又以語文及電腦課程最受學員們的歡迎。其中，語文方面的非學分班課程，則包括了英文、日文、德文、法文等，電腦領域方面的非學分班課程，則涵蓋了套裝軟體、網際網路、程式設計等內容。另外，推廣教育中心也開設了與社會需求相結合的課程，包括了商學、工學、設計等領域。

為了掌握社會發展的脈動，並契合環境變遷的需求，中原大學推廣教育中心同時開設有委訓的課程，委訓的目標對象，包括產、官、學界等人士。在企業委訓部分，設有企業大學學分班、非學分班，以及在職訓練、專案設計等課程。目前委訓的部分，又以企業大學之學分班的需求最為熱絡。企業員工在修完企業委訓的課程後，修業學分即可獲得企業內部所設企業大學的認可。中國化學製藥、嬌聯企業、中科院、中華汽車等委託中原大學推廣教育中心承辦該公司員工有關管理方面的學分班訓練課程，即屬此例。

●積極尋求合作，有效發揮服務功能

在政府委訓方面，包括有行政院：青輔會、勞委會、公共工程委員會；經濟部：中小企業處、國貿局、商業司；國防部：中科院、三軍大學、化學兵學校；桃園縣政府、勞工局等單位，委託中原大學推廣教育中心開設員工訓練等相關課程，以協助員工吸取職場上所需的相關專業知識。

同時，為了發揮大學教育的服務功能，並落實中原大學關懷暨服務社區的教育發展政策，推廣教育中心更開辦社區服務等公益性課程與活動，以回饋社會，並藉此建立社會學習教育的機制。此部分開設的課程內容，包括與親子相關的講座、電腦營、團康等活動，以及婦女成長（如美容、舞蹈、插花、拼布、紙黏土、親職教育等課程）、兒童冬夏令營（如電腦、游泳、直排輪、海報製作、POP 等課程）、藝文活動、專題講座（如音樂會、舞蹈、戲劇、電影、文化參觀等活動）等。

●積極開設演講、語文研習活動

專題講座部分，曾邀請前蒙藏委員會主委高孔廉博士（現任中原大學企管系講座教授），及前中山大學校長林基源博士（現任中原大學企管系講座教授）規畫與產業發展趨勢相關的演講主題，如「二十一世紀跨世紀企業經營策略講座」、「大陸台商企業管理策略講座」等，使社區大眾可藉由參與講座活動的機會，

吸收與產業發展相關的最新資訊。此講座活動通常皆為免費參加。

此外，海外語文研習課程的拓展，也是推廣教育中心為強化不同層面的教育學習而開辦的。此方面的課程，目前除了與中原大學海外姊妹學校進行合作外，推廣教育中心更希望未來可與中原大學各學系進行合作，以開辦語文研習學分班課程，使學生一方面可透過語文研習的活動修得學分，一方面還可增廣見聞。

肆、正規學制介紹

在正規學制下，進入碩士班就讀的方式有二：第一種可採用甄試的方式，甄試的報名時間為每年九月底至十一月初，各校先以筆試及資格審核做初步的篩選，待通過第二關口試之後，即可入學。另一種則為參加各大學院校在每年三月到五月的入學考試，但在職生的錄取人數與碩專班相比，則少了許多，且各所碩專班紛紛成立後，碩士班在職生的名額亦有慢慢減少的趨勢。碩士班在職生考上之後，所須負擔的學雜費與一般研究生相同，以中原大學碩士班及碩專班招生名額來看，即可看出對在職人士而言，報考碩專班是較有勝算的；此外，碩士班在職生須與一般研究生在日間一起上課，對在職生亦較不方便。

而碩士在職進修專班，在招生對象中已明確指出，限招收大學畢業或同等學力之在職生，並應規定具相當年限之工作經驗。

而授課時間則可配合在職學生之需求，彈性規畫授課時間。課程及修業年限方面，課程亦配合在職進修之需求規畫，修業年限並得酌予放寬。各系在資源充裕之情況下，皆可開設碩士在職進修專班，而在企管所中，高階主管企業管理碩士班又稱為 EMBA（Executive MBA）。畢業要求大致上與一般生相同，但是在企管所之碩專班在碩士畢業論文上之要求，較著重實務性而非理論性之探討。

目前在職人士若想再進修，取得碩士學位，可採用甄試或報考各校在職組碩士班入學考試。除此之外，報考碩專班之考試為對在職人士較有利之選擇，通過筆試以及相關資格審查後，只要再通過面試，就可攻讀碩士學位。在報考碩專班之前，可參加碩士學分班之課程，先修習該所之必修科目，了解未來所接觸之學術領域為何，加上由於授課教授多為該系所之老師，在課堂上的表現亦會影響老師印象分數；另外，與碩專班的學分費相比，學分班的費用較低。

以 EMBA 為例，在職人士可以先修學分班再參加考試，而在某些企業／機構採用企業委訓的方式，開設學分專班，可議請老師到公司或機構內上課，學員可免舟車勞頓之苦；學分費因同事共同分攤後亦較便宜。除了上段所述之優點外，同事之間可相互切磋學習，根據統計由企業委訓學分專班考上碩專班的比例相對較高。在 EMBA 的畢業資格方面，各校都有最低應修學分與抵免學分之規定；而碩士論文方面，相對要求偏重實務面，多針

對產業與企業個案進行研究。

第二節
全人的終身學習教育中心

成立於民國八十五年八月一日的中原大學推廣教育中心，在肩負時代使命的認知下，以「推展終身教育、建立學習社會」為己任。抱持「取之於社會，用之於社會」的回饋心態，並以「終身的全人教育、全人的終身教育」為目標，推廣教育中心將終身學習與全人教育的理念相互結合，提供不同年齡層、不同類型的終身全人教育學習課程。

壹、以「四平衡」為未來發展方向

以「終身全人教育」理念為基礎的推廣教育中心，為了落實中原大學的教育宗旨與理念，因此建立了「四平衡」的發展方向。此四平衡，包括了「效益與公益的平衡」、「理論與實務的平衡」、「人文與科技的平衡」、「產、官、學的平衡」。就推廣教育中心發展的宗旨與肩負的使命而言，講求「效益與公益的平衡」為其基本原則，因此，推廣教育中心不以營利為目的，而是以公益的社區關懷為主要發展方針。也因而在課程的規畫與師資的聘任上，都特別的用心，希望能以最合理的價格，提供最多

數的人、最多面向的服務。

在課程內涵上，推廣教育中心力求「理論與實務的平衡」，希望學員們在進修的過程中，同時也可將所學的理論基礎運用於實務工作中，或將實務的經驗與所獲取的理論知識相互印證。就開課的範圍而言，推廣教育中心則朝「人文與科技的平衡」方面發展，希望在商管、工學類的課程之外，開設特殊教育、心理等人文課程，以達到「人文與科技平衡」的目標。推廣教育中心同時也希望在學生的來源與委辦課程合作的對象（指委辦課程的對象）上，也能達到產、官、學平衡的狀態，以使不同領域的人都能有機會學習各種不同範疇的課程。

在邁入知識經濟時代的同時，如何善用資源、掌握知識，並於不同階段持續學習、自我充實，已成為「終身學習」社會人人所須具備的觀念。未來，中原大學推廣教育中心也將持續發揮社會服務的功能，結合產、官、學界各方面的資源，向「終身的全人教育、全人的終身教育」目標邁進。

推廣教育中心成立至今已多年，許多學員積極參與推廣中心的課程，不斷學習新知與成長，因此，提供一個完善的學習環境，是推廣教育中心責無旁貸的使命。中原大學的教育理念為「全人教育」，而全人教育之目的在讓人找回自己的價值，發掘自己的獨特性，故將推廣教育與全人教育融合，以「終身全人教育、全人終身教育」為目標，打造全人終身教育的學習環境。

貳、全人終身教育、終身全人教育

進入知識經濟社會，愈來愈多人擁有終身學習的觀念。什麼是終身學習呢？所謂終身學習為強調個人應培養終身繼續學習的能力與習慣，是指個人一生中獲得知識與技巧，以便維持、增進職業、學術技能或促進個人發展的過程。換句話說，「終身學習就是終身開發內在的寶藏」。

中原大學之「全人教育」教育理念，一直受到各界好評，但是，囿於大學教育有其修業年限，只能讓學生在四年中，接受全人教育的環境，對的事情不能只做一半，因此，利用終身學習將全人教育的環境延伸，打破身分的限制，不斷延展學習的時空，做到「終身的全人教育」，使全人教育不但能落地生根，且能開花結果。

另一方面，對於有心投入終身學習的人來說，若像散彈打鳥般的胡亂學習，不但無法達成最初學習的目的，反而會失去學習的熱忱，到頭來可能仍是一無所得，因此，將全人教育的精神融入，轉化成為「全人的終身教育」，使自己能在獲得知識的過程中，發現自身與眾不同之能力，不但能成為職場上的競爭利基，也會因為時時刻刻都能學到新知識，而覺得人生充滿意義。

參、理念的實踐

中原大學推廣教育中心在肩負時代使命的認知下，即以「推展終身教育、建立學習社會」為己任。抱持「取之於社會，用之於社會」的回饋心態，不斷朝向「終身全人教育、全人終身教育」的目標實踐。一個理念的實踐不能只是喊喊口號，要有具體的行動，才能引起共鳴與迴響，因此，推廣教育中心設計了兩款logo，第一款 logo 即明顯地告訴所有人中原大學推廣教育中心的目標——全人終身教育、終身全人教育。

第二款 logo 為一片四瓣酢醬草，據說，若能得到四瓣的酢醬草，就能得到幸福，中原大學推廣教育中心以「四平衡」的教育執行「全人教育」的理念，讓前來就讀的學員們，能夠獲得自己想學的知識，達到充實內涵的目的，真正地感到幸福。希望經由中心內外工作同仁的努力，與學員們的互動，營造出一個精進、用心、樂學習的環境，進一步了解中原大學的動感、貼心，進而認同中原、愛中原。

第三節
全人終身教育的品保計畫

「全人終身教育、終身全人教育」為中原大學推廣教育之努

力目標，不僅在課程方面有四平衡（效益與公益的平衡、理論與實務的平衡、人文與科技的平衡、產官學的平衡）的落實，就連在組織中也應由內而外的實踐，並有一套完善的管理制度。因此，中原大學推廣教育應不斷致力於提升服務品質，在作業流程文件方面推動 ISO 認證，落實全面品管，並提供學員就地服務與單一窗口服務，簡化報名流程。

科學管理強調「效率」、「成本」、「品質」，因此，行政服務講求以最經濟的成本，做最有效率的運用，達到最佳之品質。在中原大學校務計畫──「建立中原為一具有世界知名度與國際認可，且有諸多國內標竿特色之大學」目標下，推廣教育可以發揮本身之經驗，針對終身教育，發展「以全人教育為核心的終身教育品保計畫」，有關教學服務、行銷服務與行政服務之計畫如下：

壹、教學服務系統

教學服務應該提供不同年齡層及不同類型的學習課程，供社會大眾來進修，並且應以創新及開發新的教學方式且開設新的教學據點為努力方向，針對教學服務的積極發展重點分述於後：

●鼓勵系所開發課程，並規畫符合推廣教育之專有學程

積極與各系所研究開設學程性質之學分班，目前與推廣教育

中心配合開課的系所以商學院居高，未來中心將積極與各系所協調開課，課程規畫上將著重研究所課程及大學部學分班課程。其中研究所課程以碩專班課程為主，積極鼓勵學員在職進修學分班，並協調系上規畫適合在職進修的學程約十門三十學分，修業完畢核發結業證明書，以證明學員於推廣教育修業已達階段性條件；而針對大學部學分班，鼓勵各系所開設高中職畢業進修八十學分之學程為主，提供高中職修畢八十學分可以同等學力報考二技，或轉學生考八十學分的課程設計將以培養學生第二專長之學程為設計重點，輔以人文教育及通識教育以健全學員身心靈。

●強化社區服務理念，落實回饋及照顧各年齡與各階層之民眾

對外方面，開放學校資源並極注重與地方及企業之關係。除加強與地方政府、廠商、團體、學校等的互動與合作之外，藉由舉辦各種社區服務與公益活動、專題系列講座等，期望結合大學與社區資源，提倡全民終身學習，提升社區文化的品質。同時，為了發揮大學教育的服務功能，並落實中原大學關懷暨服務社區的教育發展政策，開辦各類社區服務等公益性課程與活動，以回饋社會，並藉此建立社會學習教育的機制。此部分開設的課程內容，包括與親子相關的講座、電腦營、團康等活動，以及婦女成長、兒童冬夏令營、藝文活動、專題講座等。

●積極爭取政府委託訓練部分

適時掌握政府委訓之動脈，針對補助弱勢團體之課程，如身心障礙類、原住民、農漁民及偏遠地區之終身學習課程，更應本著回饋之精神協助辦理。

●開設師資培訓系列部分

積極與學校教育學程中心與各學系開發師資培育訓練及教師第二專長課程，提供教師更多元化的進修課程；另開設坊間各類才藝或幼教師資培訓學程，讓有意從事教育工作之社會人士有更齊全的進修管道。

●開發證照及技能檢定課程

目前辦理的證照課程包含有 ISO 系列、職業災害系列、保姆系列、語文檢定等，將積極開發不同的證照課程，包含：電腦系列、各級技術士證照、各類語文檢定等。電腦系列將與電算中心配合，由電算中心與各電腦證照發照單位配合，讓中原大學成為桃園中壢地區的檢定中心；而技能檢定部分將與大桃園地區高職學校合作開設技術士檢定課程，於校本部上理論課程，合作之高職學校則提供實習場所及各類專業技能師資及檢定相關資訊。

貳、行銷服務系統

●改善報名服務相關流程

為提高報名業務處理效率，解決現有問題，將重新建立報名服務業務相關流程，包括：報名作業處理流程、申請轉班退費處理流程（又分為現金退費及匯款退費流程）、申請證件作業流程、申請補發學分（結業）證明作業流程、顧客抱怨處理流程；並落實於報名服務工作上，藉由明確分工且將視實際作業情形，隨時檢視作業流程以確保流程之流暢性，目的在於縮短學員等待作業處理之時間，進而降低錯誤率。此外，將視情況於辦公室入口處增設臨時服務櫃台，以紓解旺季之報名人潮，提升服務效率。

●強化學員服務

建立以學員為中心之服務觀念，秉持「學員至上、服務第一」之精神，在有限資源下做最充分之利用及規畫，除改善中心軟硬體措施外，亦不斷追求創新、簡化行政作業流程，提供便民之服務；並訂定「學員事項建議記錄表」，目的在於廣納學員意見，並將學員建議依流程轉知相關部門，以作為改善教學及行政服務品質之參考依據。

●辦理報名處人員職前教育訓練

為讓報名處人員充分展現專業及熱忱，爾後將對所有新進同仁做一職前教育訓練，並建立報名處工讀生任用及訓練機制及訂定「報名處工讀生服務須知」，目的在於培育優質之工讀人力，使工讀人力發揮最大效益，期盼藉由本機制能使報名處人力做一妥善運用，促使報名業務正常執行，提升工作效率。

●加強服務禮儀

報名處乃為中心與學員接觸的第一線，故培養報名處人員專業應對及服務熱忱為一重要課題，因此除訂定「報名處人員服務禮儀須知」外，並嚴格要求服務人員之服裝儀容、電話應對及學員接待禮儀，全力推廣禮貌運動，期盼藉由專業服務拉近學員距離，並樹立中心服務學習標竿，提升整體形象。

●校友回流教育的強化

中原大學一向與校友保持密切的聯繫，並在各地甚至海外成立校友會，而有更多的校友居住在大桃園地區，為使校友能繼續在全人的中原校園中學習，中原大學將推動校友的回流計畫，鼓勵校友報考中原大學正規教育的碩專班、推廣教育的學分班與非學分班，並在各地設立推廣教育分處，以服務各地校友，期使校友的回流教育成為全國佼佼者。

參、行政服務系統

● 服務人員之選、訓、用

推廣教育教學專區服務人員，面對社會各階層熱愛終身教育之各式各樣學員，須具靈巧應變、積極負責、有服務熱忱之條件。目前新進教學服務人員，大都甄選中原大學在學學生，施予一定時間訓練後，擇優汰劣，留下合適之工作人員，可長期配合中心服務需求。雖然每學期面臨工讀生重新選課，無法正常配合服務，必須挑選新手補充之困境，將朝向提前甄選儲備方式解決。同時，將考慮進用職校工讀生，擔任一般服務之工作，解決排課衝突之困境。

● 教學器材改善

依目前課程進行狀況，教師大都朝向使用手提電腦、單槍投影機等先進科技設備，推廣教育為提供良好的教學環境，目前在沒有固定空間的狀況下，端視課程成長及設備使用需求，隨時檢討購買單槍投影機、手提電腦、螢幕等設備。同時，向校內其他單位借用設備，支援上課，使師生皆能獲得最好的學習環境。

中原大學推廣教育在做經營績效評估時，是從量化與質化兩方面來評估，在量化指標方面主要是以「開課班數、開課時數、

上課人數以及成本」等四點作為評估的參考，透過這些衡量指標，來了解是否有以合理的價格提供課程給學員；在質化指標上則是以「公益活動之比重、課程之品質」作為衡量標的，以達到效益與公益的平衡。透過這些指標的衡量，將可使上述的計畫具體實現，一方面提升推廣教育中心的生產力，一方面確保學員的滿意度。

第四節
顧客關係管理系統之規畫與建置

由於顧客需求變化快速，以及消費者愈來愈難以取悅，現在已無法僅銷售企業所能提供的產品，而是要銷售顧客所需要的產品與服務。中原大學因應教育部終身教育的政策，面對激烈的競爭，以及業務加重，為了追求更高的顧客滿意與生產力，中原大學推廣教育中心開始著手投入 CRM 規畫。

中原大學除了不斷設計推出符合社會大眾學習需求之課程外，亦不斷致力改善及簡化學員行政服務之流程，希望藉由服務之創新，創造不同於他校之推廣教育服務品質，樹立特有服務品牌、建立推廣服務學習標竿，進而提升學校整體形象。中原推廣中心 CRM 的規畫可分為系統建置、顧客資料分析與應用、顧客關係管理績效評估三個階段，每個階段皆有不同的工作重點，以下就每個階段逐一說明：

壹、第一階段：系統建置

　　配合推廣中心的資源與預期學員的需要，除了以往人員面對面的溝通介面，將籌畫電腦語音查詢系統、互動網站、e-mail、郵寄信件、簡短訊息等各種溝通介面。在電腦語音查詢系統的部分，有電腦語音以及人員服務，學員可依自己的習慣選擇接受服務的方式。電腦語音查詢系統的主要功能為校本部課程、分處課程、報名方式、轉班及退費規定、各項證件證書申請辦法、學員修課、教師授課等各項相關資料的查詢。

　　另外，中原推廣中心還將提供 e-mail、郵寄信件、簡短訊息，主要是應用開課通知，提醒學員與授課老師們授課地點與時間。在互動網站方面，目前已有一個現存網站，為提供更多的訊息與功能，已進行改版的動作。除了一般行政資料、中原大學位置圖等基本內容外，學員可在網站上查詢個人資料，如修課成績、修課科目，亦可查詢各科目之課程內容與授課教授，未來將開放網路註冊，使學員避免許多繁瑣的註冊程序。授課教師同樣可上網查詢開課資訊、更新個人檔案與課程大綱，並可觀看當期修課學員的資料，除了文字資訊外，未來將附上學員照片以利教師便於辨識。網站的設計除了提供資訊與查詢，亦期望能促進學員與授課教師的互動，進而提高學習品質。

　　學員修課流程中，學員可了解本中心網站及電話語音查詢系

統在未來學員服務方面扮演非常重要角色，如課程訊息來源、是否開班、上課教室及成績查詢等資訊，都可藉由以上系統隨時獲得，大大提升了便利性與服務水準，在此修課流程即顯示上述電腦語音、互動網站等介面的應用。

多樣化互動介面的設計，主要目的在於，期望教師與學員經由不同的管道之下，皆能獲取所需的資訊。另一方面，透過資訊技術，自動擷取、儲存學員資料，可節省許多時間與人力。

貳、第二階段：進行學員資料挖掘與分析

顧客關係管理除了前端顧客服務介面之外，還包括了顧客資料的蒐集與分析應用，作為日後行銷決策的依據；然而，目前企業僅知道擷取顧客資料，卻不知如何有效地應用，以至於仍無法加深對顧客的了解；因此推廣中心強調欲透過資料挖掘系統，利用已蒐集於資料庫的學員資料進行區隔化，將學員分類，依據人口統計變數包括性別、年齡、教育程度，與心理區隔變數如動機、態度等屬性，描述每一群學員個人特質，以及分析學員與選課內容的關係，未來以進行一對一行銷，主動推薦與介紹學員有興趣的課程。另一方面，透過統計分析，以了解流失學員的特質，針對易流失的學員規畫有效的保留策略。

資料挖掘（Data Mining）目的在於對已存在資料找出有用但未被發掘的模式，並基於過去的活動藉由建立模型來預測未

來，以作為決策支援之用。中心欲導入資料挖掘技術，以達有效學員區隔化。

參、第三階段：CRM 績效評估

導入CRM最終的目的即在於滿足顧客的需求，然而，管理者與顧客之間亦可能存在著服務的缺口，亦即管理者預期消費者的期望與消費者實際的期望不符，因此，第三個階段進行學員使用CRM互動介面的調查，以找出學員真正的需求，並規畫更有效的行銷策略。推廣中心導入 CRM 目前已帶來以下效益：

1.提供二十四小時全方位服務，服務不打烊：透過電腦語音系統整合語音、傳 e-mail 網站的應用，即可隨時將訊息正確且及時傳達給學員，亦可查詢開課及課程相關訊息，完全不受時間的限制，提升便利性。

2. 降低中心人事成本，人員運用更有效率：學員可利用CRM 系統查詢開課訊息、最新活動、中心報名及轉退班相關規定、各項證件申請辦法、索取簡章及相關行政作業表單，以往以上工作常常需要許多人力來解說及處理，不但耗費大量人力資源，且重複性的動作亦讓人相當疲累，最重要的是服務品質不易掌握。未來透過本系統可大大減少人工處理成本，降低人事開銷，尤其報名旺季時，更可大幅減少電話進話量，使中心人力做一靈活運用，提升服務品質。

3. 透過資料庫整合，提供學員及老師加值服務：中心本身已自行開發建構一套符合現行作業之資料庫系統，未來可藉由本系統結合資料庫功能，延伸了語音傳真的應用範圍，學員及老師將可利用本系統隨時查詢個人修課及授課相關細節。此外，該系統也提供學員成績查詢功能，藉由本服務功能之創新，提供學員及老師加值服務。

4. 藉由CRM的運用提升顧客滿意與忠誠度：透過顧客資料的分析，了解顧客需求，提供不同顧客層不同的課程，並預期能達到一對一行銷，以增加顧客滿意以及良好口碑，進而保留顧客並吸引潛在顧客。

第五節 本章小結

台灣產業近年來快速邁向高科技，如何善用既有人力資源，使之發揮至最大，是企業界所期盼，也可以說，人力資源市場是隨著社會經濟變遷而波動，起落之間，足以影響整體台灣產業的發展。以電子資訊業為例，由於產品壽命週期短，人才培養及再造是企業賴以生存的重要命脈。常有電子資訊業雇主提及如何再造員工職能的方式，其中最多、且最有效的方式是鼓勵員工在職進修，而最有效的學習方式是鼓勵員工再回到學校，做務實性充電。大學推廣教育應辦各式符合企業需求的專業課程，參與修習

課程吸收專業新知，藉以輔助企業體系制度健全，或使個人本職學能加級，進而大幅提升個人與企業競爭力。

　　針對上班族群的需要，提供職場應用的課程，進行上班族的充電教材，各縣市政府目前正和專業領域舉辦教育課程，提供企業、個人在職教育進修或培養第二專長管道，對於推動社區大學，及部分大學所設立的教育推廣中心，則是不想花大錢繳補習費的學生的另一種選擇。各大學之推廣中心所教授的課程更「俗擱又大碗」，師資品質穩定又比補習班學費便宜，也是上班族進修的好管道。而這些大專院校推廣教育部門提供企業、個人在職教育進修或培養第二專長管道，對於企業團體或個人皆能有不同程度的幫助。而中原大學推廣教育中心更是其中的佼佼者，本章已針對其規畫與經營進行詳細探討。

問題與思考

一、大學提供在職人士進修管道有哪些？每種管道適合哪些人士進修？

二、中原大學的推廣教育課程規畫有哪些特性？

三、國內大學目前推廣教育的推動現況？

四、大學推廣教育如何提供一個高品質的服務系統？

五、如何建構客戶關係管理系統，來提供學員更高品質的服務？

參考文獻

1. 林震岩（2001）。全人的終身學習教育中心。樂學，**1**。

2. 林震岩（2002a）。在職人士進修管道分析。樂學，**2**。

3. 林震岩（2002b），打造全人終身教育、終身全人教育之環境，樂學，**3**。

4. 林震岩（2003a），全人終身教育的品保計畫。樂學，**4**。

5. 林震岩（2003b），顧客關係管理系統之規畫與建置。樂學，**5**。

第七章

終身保健

楊嘉麗

　　飲食的目的包括提供充足的營養與保障最佳健康狀態，這是中外各國現行之飲食建議原則（dietary guidelines）的目標（王瑞蓮，2003）。我國行政院衛生署所研訂的每日飲食指南及國民飲食指標等健康飲食型態，正可促成上述目標的達成。民國六十四年首訂「每日飲食指南」，飲食涵蓋五大類食物：五穀根莖類，蔬菜類，水果類，油脂類及奶、蛋、豆、魚、肉類。民國七十一年又訂定「國民飲食指標」旨在建立國人正確的飲食習慣及均衡攝食各類食物。民國八十四年修訂的「每日飲食指南」，將奶類為獨立一類食物，飲食涵蓋分為六大類。政府為了解國人營養的攝取及健康狀況，衛生署於民國八十二到八十五年完成「國民營養健康狀況變遷調查」（NAHSIT 1, 1993-1996），以二十四小時飲食回顧法，評估國人膳食攝取情形。專家學者們紛紛以此項全國性調查中的十九到六十四歲國民的飲食資料進行相關議題的研究。茲摘要介紹與膳食營養有關的幾項研究，藉以了解國人當前的營養狀況。

　　潘文涵等（1999）評估國人之膳食營養狀況。結果發現國民整體攝取的蛋白質、脂肪、醣類的熱量占總熱量的比例為15.5%、34%、50.5%，依衛生署建議量，蛋白質、脂肪的比例偏高，醣類的比例偏低。

　　吳幸娟等（1999）探討台灣地區成人攝取食物的總重量、熱量及三大營養素的食物來源，分析結果顯示：⑴在成人每天各類食物所供應的熱量值方面，男女性均以五穀根莖類及肉類為熱量

的主要來源，其次為點心、零食類、蛋白質及油脂類。(2)在分析三大營養素的食物來源方面：飲食中的總脂肪攝取量超過衛生署的上限 30%建議量。由於蛋白質及脂肪的主要來源為豬肉及其製品，而醣類的主要食物來源為五穀根莖類、點心零食類次之，水果類再次之。因此建議減少豬肉及其製品，以減少脂肪攝取量，多攝取主食類取代飲食中的空熱量（empty calorie）的食物；增加奶製品與水果的攝取量，以獲得均衡的飲食。

　　王瑞蓮等（1993a）為了解國人飲食之均衡程度，以飲食指南涵蓋的六大類食物的類別與份量為標準，評估國人在六大類食物類別的攝取狀況及六大類食物的「變化性」對營養素充足程度的影響。「變化性」係指六大類之間食物攝取的變化。「變化性分數」是以國人二十四小時的飲食記錄為評分標準，每涵蓋一類食物達到半份，攝取量即計為變化性分數 1 分，用以評估六大類飲食之攝取狀況。結果發現：(1)國人飲食變化分數偏低，奶類與水果類普遍攝取不足。(2)國人飲食營養素之充足程度與食物類數有顯著相關。(3)國人飲食營養品質隨著食物種類增多而提升，但脂肪與膽固醇攝取量也隨之增多，碳水化合物則有減少之趨勢。

　　林薇（2001）鑒於國人脂肪攝取量過高，對國人健康有極大的威脅，遂著手進行成人降低脂肪攝取營養教育課程成效評估研究。該研究係以一般三十歲至五十歲成年民眾為對象，針對前述國人脂肪攝取量過高之不良飲食型態，根據社會認知理論及行為改變策略設計降低脂肪攝取之營養教育課程——減脂之旅，並在

兩所職場內做實際介入，評估了解此營養教育課程之實施對成年人營養知識、態度及飲食行為與自我效能的影響。

結果發現在「降低脂肪攝取營養教育課程」後，受試者在營養知識、態度、行為量表得分有顯著的進步。脂肪攝取占熱量百分比降低到 30%以下。但是在體重、血壓及血脂肪濃度的改變較不顯著，可能因生理生化的改變需較長時間，且本課程主要以控制飲食為主，並未加入運動課程，所以在生理生化值的改變上較為緩慢。

由以上研究結果得知，當前國人所面臨的飲食問題主要是飲食習慣不當，營養攝取不均衡。造成飲食均衡的落差，乃由於奶類、水果類攝取量極為偏低，脂肪攝取量偏高，主食五穀類則因每日飲食中攝取的脂肪及蛋白質比例增加而減少。為提醒讀者攝取均衡飲食，以維健康。本課程旨在介紹基本營養知識，內容著重實用，包括認識營養素，食物與營養、均衡飲食及肥胖與體重控制四個單元。期盼讀者讀後能提升營養知識、改善飲食行為，以增進身體健康。

第一節
營養素的種類功能及食物來源

營養素包括醣類（碳水化合物）、蛋白質、脂肪、維生素及礦物質，水與纖維對人身體也是不可缺少的物質。各種食物都有

其所含的營養素、它們對組織個體發展各有不同的功能。

1. 蛋白質——維持生命及生長發育；調節生理機能；供給熱量。蛋白質攝取不足時會造成生長發育遲緩，抵抗力減弱。奶類、魚、肉、蛋、豆類中含量多。

2. 醣類——供給熱量；促進蛋白質、脂肪的代謝吸收。醣類攝取不足，會缺乏活力。醣類可由五穀根莖類食物獲得。

3. 脂肪——供給熱量；促進脂溶性維生素 A、D、E、K 之吸收；提供必需的脂肪酸；保護神經及內臟器官，避免外來刺激的損傷。脂肪存在於動植物的油脂中。

4. 維生素——調節生理機能，參與身體中之代謝作用。蔬菜及新鮮水果中含量豐富。

5. 礦物質——調節生理機能；維持酸鹼平衡。

水和纖維雖不是營養素，但是水是構成體液的主要成分，為體內新陳代謝必需的溶劑。纖維是在植物細胞壁、細胞間質的一些無法被消化、吸收利用的多醣類，它可以促進消化液分泌，幫助消化；增加飽食感；可以沖淡及減少吸收腸管中有毒物質；縮短食物殘渣滯留腸內時間，以減少有毒物質產生；促進膽固醇排泄，有助於預防心血管疾病。

茲介紹一些有關維生素及礦物質之基本常識如下：

維生素的種類功能及食物來源：

維生素為維持生命、促進生長發育所不可缺少的營養成分，是一種人體不能合成的有機物質，必須由食物中獲得維生素。維

生素不能產生熱能，其主要功能是參與身體中的代謝作用。依其溶解性可分為二：

1. 脂溶性維生素（fat-soluble vitamin）：有維生素 A、D、E、K 等。脂溶性維生素在身體中不易排除，累積過多易產生中毒。

2. 水溶性維生素（water-soluble vitamin）：包括維生素 B 群及維生素 C。水溶性維生素累積多時，便由體內排除。

● 脂溶性維生素

維生素 A 可分為 A_1 及 A_2

自然界存在的多為 A_1，A_2 只存在於淡水魚肝中，維生素 A_1 以國際單位 I. U.（International Unit）為單位，1 I.U.＝0.3μg 十分之三微克（microgram），缺乏時易得夜盲症、乾眼症及皮膚乾燥。每日需要量為女性 6000 I.U.，男性 6500 I.U.。行政院衛生署的最新資料二〇〇五年三月三日改為以 μgRE（微克視網醇）為單位，每日需要量，女性十九至七十一歲為 500μgRE，男性十九至七十一歲為 600μgRE。維生素 A 之食物來源為魚肝油、肝臟、深綠色蔬菜、深黃色蔬菜和水果（如胡蘿蔔、番茄、紅心番薯、木瓜、芒果等），其他如牛奶、奶油、蛋黃、人造奶油等也含有。缺乏維生素 A 的人或動物較易受到致癌物質的攻擊。

維生素 D

維生素 D 能促進鈣質的吸收，使骨骼硬化，有足夠的支撐力量。早期之孕婦每日之需要量為 10µg，成人每日 5µg，嬰兒、兒童為 5µg。不常曬太陽或年紀大的五十一到七十一歲成人應該多吃點維生素 D，每日 10µg，缺乏會造成骨質疏鬆症、佝僂病（胸骨突出），在一九二七年發現，麥角固醇（ergosterol）經日光照射後，可合成維生素 D，至今佝僂病已絕跡。

常運動與照射陽光可使皮膚內之 7-脫氫膽固醇變成維生素 D，故兒童及成人都應多做戶外運動。

含有維生素 D 之食品如下：

1. 魚肝油（比目魚肝油含有維生素 A 及 D，較鱈魚肝油為多）。
2. 肝臟：如牛肝、豬肝，維生素 D 之含量約 100 I.U./100g。
3. 蛋黃：一個蛋黃約有 15 I.U.維生素 D。
4. 牛奶：鮮奶中約 20 I.U./100 cc，在牛奶中添加維生素 D（400I.U./1000 cc），使牛奶中之鈣及磷之使用率增高。

維生素 E

維生素 E 又名生育醇，可防止溶血性貧血。如缺乏維生素 E 的紅血球，放在含有 2%過氧化氫的生理食鹽水中則易破裂。如母體在生產時缺乏維生素 E，則新生兒或早產兒也會缺少維生素 E，血球容易破裂而貧血，引起黃疸，嬰兒體內紅血素下降，

血色素降低。若注射維生素E，則兩者都會升高。成人較少有此貧血現象。

含有維生素 E 之食物：動物性食物中不多，植物油中含多量之維生素E，深綠色蔬菜含量高，小麥胚芽及胚芽油中含量甚豐，其他如肝、肉類、豆芽亦多。根據衛生署之建議，每日需要量為 12mg α-TE。

維生素 K

維生素 K 之主要功能與血液之凝固有關。

缺乏時，則造成血液凝固之時間延長及容易造成皮下出血。人類腸道中的細菌可合成維生素 K，如成人有健康的肝臟、腸道，不亂用抗生素，則少有缺乏維生素 K 之現象。剛初生之嬰兒腸道中細菌少，會有缺乏維生素 K 之情形（Lee, 1983）。

維生素 K 主要存在於深色蔬菜及肝臟、奶油、肉類中，穀類及水果中較少。

●水溶性維生素

維生素 B 群

維生素 B 群包括維生素B_1、B_2、B_6、B_{12}、菸鹼酸、泛酸、維生素 H、葉酸、維生素 P 等。維生素 B 群主要是輔酵素（Coenzyme）作用，與酵素接合，使其活化而使身體中的各種代謝作用得以進行（續光清，1996）。

維生素B_1（Thiamin）

又稱抗神經炎素，並可抗腳氣病。

缺乏維生素B_1，有腿水腫、麻木、神經炎、心臟擴大，消化系統障礙等。授乳期之母親缺乏維生素B_1，則嬰兒之視力衰退。

維生素B_1存在於糙米、瘦豬肉、牛奶、肝臟、腰子、酵母及豆類中。100g 之糙米有維生素B_1 0.35 mg，白米僅含 0.1 mg，豬肉 100 克中含 0.8 mg。平日可多吃糙米，少吃糖果點心及加工食品，可減少缺乏維生素B_1之現象（黃伯超、游東玲，1990）。

維生素B_1易溶於水，故水洗或水煮，會減少維生素B_1之含量。如米泡水太久又洗好多次，則米表面之維生素B_1會被洗掉不少。人工合成的維生素B_1噻唑活性化合物。由大蒜抽出並合成合利那命 F 等。自然存在酵母（yeast）、米糠（bran of rice）及麥（wheat）中，所以平時應吃大蒜，因大蒜中含有維生素B_1，有殺菌作用，且可對抗大腸癌。

維生素B_2（Riboflavin）

維生素B_2的組成及性質因來源不同有卵黃素（Ovoflavin）、乳黃素（Lactoflavin）及肝黃素（Hepatoflavin），後來因合成成功，知為同一物，乃正名為核糖黃素（Riboflavin）$C_{12}H_{20}O_6N_4$。維生素B_2為橙黃色結晶，對熱及酸安定，但易被光及鹼所分解。

維生素B_2為動物成長期間促成細胞增殖之必要因子，在體內生成磷酸脂存在，與酵素蛋白質結合成黃素蛋白（Flavoprotein）

以行輔酵素之作用。

　　缺乏維生素B_2會引發疲勞、食慾不振、口角及唇部發炎等。並會影響視力，罹患眼睛過分潮濕、結膜炎、白內障及流淚等。成人每日需要維生素B_2量約 1.0~1.5mg，不似維生素B_1因吃醣類多，而增加其需要量。因維生素B_2在動物界分布廣，多與維生素B_1共存，但穀類、豆類中少。

　　維生素B_2之主要來源為肝臟、腎臟、心臟、酵母、蛋、牛奶及乳酪等，酵母具有合成維生素B_2之功能，其他如海藻、茶、魚貝、肉類、蔬菜、水果等多含有之。膳食建議量（RDA）為 0.55mg/1000 kcal。

　　牛奶經日光照射，因光化裂斷核糖醇，產生感光黃素（Lumiflavin），感光黃素為強氧化劑，故破壞多種維生素，牛奶以透明瓶裝出售，會造成日光變味（sunlight off flavor）。所以，改用紙盒或塑膠瓶就沒有這種現象。牛奶照日光半小時，會損失5%的維生素B_2。

菸鹼酸（Niacin 或 Nicotinic acid）$C_6H_5O_2N$

　　菸鹼酸可自米糠、酵母等獲得，在人體中則以菸鹼醯胺（Nicotinic acid amide）之形式存在，菸鹼酸在身體內結合成DPN、TPN，以應醣類、蛋白質代謝之需要，並為細胞呼吸酵素之輔酵素。菸鹼酸溶於水對光、熱、酸、鹼、氧化劑之安定性較其他維生素為佳。

人體如缺乏菸鹼酸會產生下列疾病：

1. 癩皮病（Pellagra），故菸鹼酸又稱之為抗癩皮病之因子（Antipellagra factor）。

2. 皮膚炎（Dermatitis）：皮膚紅腫且會痛

3. 下痢（Diarrhea）：下痢、痢疾、腹瀉

4. 癡呆（Dementia）：癡呆、智力衰退（Lee, 1983）

其需要量為維生素B_1之十倍，成人每日需 12mg。在各種食品中分布廣，穀類之種皮、酵母中含量特多，肉類、肝臟中亦多含之。菸鹼酸之需要量受蛋白質攝取量之影響，因為色胺酸是菸鹼酸的先質。菸鹼酸可由微生物方法製取。

維生素B_6（$C_8H_{11}O_3N$）亦稱吡哆醇（Pyridoxine）或吡哆醛（Pyridoxal）

維生素B_6易溶於水及酒精，水溶液為中性而微苦，難溶於丙酮，不溶於油類及其他有機溶劑。對熱安定，對鹼與光欠安定。

缺乏維生素B_6可能引起皮膚病及貧血並產生痙攣等症狀。全穀類、胚芽、肝臟、腎臟、酵母、肉類、豆類、牛乳等中多含之，甘蔗汁糖蜜中亦含有。可預防鼠類肢端炎症且有助於色胺酸轉變成菸鹼酸。

泛酸（Pantothenic acid）$C_9H_{17}O_5$

雞缺少泛酸時會起皮膚病，鼠犬則生種種障礙，對人類尚未十分明瞭。酵母、肝臟、肉類、牛奶等含量較多，穀類、豆類、

蔬菜中亦均普遍含有。PH 範圍 4~7 時為最安定，在熱處理中往往損失 50%以上。每日需要量約 10mg。

維生素 H，生物素（Biotin）

係酵母及其他微生物生育所必需之生育因子。有預防並治療皮膚炎之效果，並有利毛髮之發育。對熱、光安定，而在強酸、強鹼中不安定，PH5~8 最安定，每日需 150-300μg。

肝臟、酵母、蛋黃、花生、巧克力中多含有，牛奶、蔬菜、海藻等中亦有相當含量，可由腸之細菌合成，故無虞缺乏。

葉酸（Folic acid）或稱維生素B_c，亦稱蝶醯麩胺酸（Pteroyl Glutamic Acid-PGA）

淡黃色結晶，對酸不安定，對熱安定，易被光線破壞，在體肉與蛋白質結合而存在，欠缺時可引發貧血，生長慢。綠色蔬菜、豆莢類、肝臟、腎臟中多含有，洋菇、酵母中亦含有。

維生素B_{12}，亦稱鈷胺（Cobalamine）$C_{63} H_{80} O_{14} N_{14} PC_0$

可防治貧血外，在身體中可做輔酵素。

因含氰及鈷，故亦稱氰鈷胺（Cyanocobalamine），紅色結晶，易溶於水，在中性溶液中對熱安定，PH4~6 在快鍋中加熱，也很少損失。在酸性及鹼性溶液中，其效力則減低。經日光曝曬，亦可使其活性失效。高 PH 值下或有維生素 C 或HSO_3等還原劑存在下，則損失嚴重。維生素B_{12}最初在肝臟中發現，後來

又發現灰色鏈黴菌（Streptomyces viruses）中積蓄甚多，現在醫療所用多用發酵法培養該菌，又污泥中之微生物亦有之。維生素 B_{12} 為深紅色，利用肌肉內注射，可防止貧血。在身體中可做輔酵素。

　　動物內臟中含量多，肉類中、牛奶、魚及家禽類含有之，微生物及綠藻類有之。植物性的食物則不含維生素 B_{12}，若要吃素，最好攝取奶蛋素，以免缺乏 B_{12}。

　　十九歲到七十一歲每日約需 2.4μg（微克），一般新鮮食物每公斤含 10~100μg/kg，足夠人的需求。

維生素 P

　　維生素 P 可增強血管之抵抗力，減少血管之透過性，有醫治紫斑病之功效，並可用於各種腦出血之處理。 以檸檬汁醫治紫斑病出血，較單純之維生素 C 有效，此乃檸檬皮中含有維生素 P 因維生素 P 兼有加強毛細管抵抗力之成分，與血管之滲透性（Permeability）有關。平日可吃一些金橘做的桔茶，可得到其皮中之維生素 P，並保養喉嚨。

維生素 C

　　維生素 C 又稱為抗壞血病酸（ascorbic acid），維生素 C 可保護其他水溶性維生素不被氧化，故可作為抗氧化劑。維生素 C 能促進膠原的形成，使傷口容易癒合。

　　缺乏維生素 C 會牙齦發炎，牙齦呈暗紅色水腫，用手指輕

摩擦即出血、牙齒脫落、體重減輕、受傷癒合期慢、皮下出血（稱點狀皮下出血）等症狀，稱為壞血病。

蔬菜中顏色深綠者所含之維生素 C 多，如菠菜、青椒、芥菜；水果中含維生素 C 最多者為番石榴（芭樂）、柑橘類等次之，其他水果則較少。

母乳較牛奶含量高。需要量：男生每日 100 mg，女生 100 mg。手術前建議給 1000~2000mg，以防止白血球下降太多，維生素 C 能幫助傷口復原。

●礦物質的種類功用及食物來源

礦物質因人體需要不同，分為主要礦物質（如：鈣、磷、鉀、鈉、氯、硫及鎂）與微量礦物質（如：鐵、銅、氟、碘、錳、鈷、硒及鋅），這些礦物質也就是食物燒成灰石的殘餘成分，又稱為灰分。其在營養素裡所占的份量雖很少（醣類、脂肪、蛋白質、水和其他有關物質，占人體體重 96%，礦物質占 4%），但其重要性卻很大。一旦人體吸收了這些礦物質，有些礦物質會直接溶解於血液中，過多的量會由腎臟排出，另有部分礦物質會累積於人體，造成毒性的問題。各種礦物質的營養功用及食物來源如下：

主要礦物質：

鉀（potassium）、**鈉**（sodium）、**氯**（chloride）

功能：

1.幫助維持體液、血液的體積及酸鹼平衡。

2.神經傳導及肌肉收縮的調控因子。

鉀、鈉、氯三元素中缺乏任何一種，即可使人生長停滯。因腎功能不佳及高血壓而長期吃低鈉飲食，則會導致嘔吐、下痢、盜汗等症狀。

鈉、氯存在於奶類、蛋類及肉類。鉀存在於瘦肉、肉臟及五穀類。

鈣（Calcium）

鈣有助於人體內骨骼與牙齒的生長、肌肉的收縮、神經傳導、幫助血液凝固、維持心臟正常收縮、血壓的穩定、免疫系統等各類活動以及活化酵素。

鈣存在於奶類、魚類（連骨）、蛋類、深綠色蔬菜、豆類及豆類製品。

菠菜中的草酸（Oxalic Acid）可與鈣離子結合，使鈣無法被腸吸收，而造成鈣的缺乏。鈣與磷的比例最好是 1：1，對鈣在人體的吸收有利。

血中的鈣與骨骼中的鈣不停地互換，年輕時，進入骨骼中鈣化的多於游離出來的鈣，成年後漸漸地，鈣游離出來的速率比鈣化高。故在年輕時攝取鈣不足，骨本不夠，年老時，鈣由骨骼中游離出來的多，則造成骨骼疏鬆症，骨骼變形，骨折（行政院衛生署，2001）。

磷（Phosphorus）

磷為構成骨骼及牙齒的要素，促進脂肪與醣類的新陳代謝，磷酸鹽具有緩衝作用，所以能維持血液、體液的酸鹼平衡，為組織細胞核蛋白質的主要元素。細胞膜也是由含磷的脂肪，如磷脂質所成。

磷存在於：家禽類、魚類、肉類、五穀類、乾果、牛奶、莢豆菜。過量的磷離子可能會抑制鈣離子的吸收（陳正雄、蘇正德，2001）。

鎂（Magnesium）

鎂是構成骨骼之主要成分，可幫助鈣與鉀的吸收，調節生理機能，並為組成幾種肌肉酵素的成分。

存在於五穀類、堅果類、瘦肉、奶類、豆莢、綠葉蔬菜、海產、可可及巧克力等。

硫（Sulfur）

硫與蛋白質之代謝作用有關，是含硫胺基酸——磺胺酸及甲硫胺酸的主要成分，亦為構成毛髮、軟骨（肌腱）、胰島素等之必需成分。

存在於蛋類、奶類、瘦肉類、豆莢類、堅果類及含有硫的維生素B_1及生物素。

●微量礦物質

鐵（Iron；Fe）

鐵為形成血紅素的主要元素、體內部分酵素的組成元素。缺乏時會產生缺鐵性貧血，患者會感覺疲勞無力，臉色蒼白，抵抗力減弱。

鐵存在於肝及內臟、蛋類、牛奶、瘦肉、貝類、豆類、五穀類、葡萄乾、綠葉菜等。

女性在懷孕及月經期間，多攝取這些食物可以補充身體所需的鐵。

銅（Copper）

銅與血紅素的造成有關，可助鐵質之運用。

存在於肝臟、蚌肉、瘦肉、堅果類、穀物等。

氟（Fluorine）

氟是構成骨骼和牙齒之一種重要成分。

存在於海產類、牛奶、蛋黃、菠菜。

碘（Iodine）

碘離子是構成甲狀腺素的一部分，甲狀腺素是一種荷爾蒙，功能在調節體溫、基礎代謝率、生長及神經功能，並可防止甲狀腺腫大。

　　碘存在於任何海產品、海鹽、肉類、蛋、奶、五穀類及綠葉
菜中。

錳（Manganese）

　　錳對內分泌的活動，酵素的活化有關，如血液或骨骼中的磷
酸脂解酶，幫助蛋白質及脂肪的代謝。

　　存在於藍莓、小麥、糠皮、堅果、豆莢類、萵苣、鳳梨。

鈷（Cobalt）

　　鈷為維生素B_{12}的一部分，也是造成紅血球的必要營養素。

　　存在於綠葉蔬菜中（其含量變化大，視土壤中之含量而
定）。

硒（Selenium）

　　硒與維他命 E 合作為重要的抗氧化劑，硒可藉由防止自由
基（free radicals）形成，來保護免疫系統。

　　硒常見於穀物（如小麥）、肉類、魚及奶類（黃伯超，
1990）。

鋅（Zinc）

　　鋅能幫助白血球生長，促進正常生長及性器官的發育，鋅和
鐵可保護身體避免鉛、鎘等重金屬中毒（陳正雄等，2001）。

　　鋅存在於任何蛋白質食物，含量最多的是牡蠣（1000mg/
g），蔬菜、麵包、蛋等也含適量。

附錄一「國人膳食營養素參考攝取量」，建議各年齡組每日所需攝取的熱量、營養素及礦物質。附錄二建議礦物質及維生素上限攝取量（行政院衛生署，2003a）。

第二節
食物與營養

每種食物中所含營養素的種類及份量各不相同。營養學上依食物的性質將食物分成六大類，六大類食物的營養價值如下：

1. 奶類

提供蛋白質及鈣質，如牛奶、發酵乳及乳酪等。

2. 肉、魚、豆、蛋類

主要營養是提供蛋白質、鈣質、鐵質及維生素 B 群，以供應細胞生長、發育及修補組織。

3. 五穀根莖類

主要提供醣類和一些蛋白質，以供給身體活動所需之熱量。如米飯、麵食及番薯、玉米等。

4. 油脂類

　　主要是提供脂肪，分動物性脂肪及植物性脂肪，其功用為供應身體活動所需之熱量。存在於油脂、肥肉及花生等堅果中。

5. 蔬菜類

　　提供維生素、礦物質。尤其是深綠色、深黃紅色蔬菜所含維生素 A、B_2、鈣質、鐵質均較淡色蔬菜為多。

6. 水果類

　　水果與蔬菜都提供維生素C、礦物質及部分醣類，以調節生理機能，但其所含的維生素及礦物質的種類不同，所以二者不可互相取代或省略其中一類。

　　水果之營養成分差異甚大，因此建議每天至少吃一個維生素C 含量豐富的水果，以符合實際需求。

●胺基酸

　　胺基酸是人體進行蛋白質合成所需之化學單位。無論是動物性或植物性蛋白質由約二十種胺基酸組成。有九種胺基酸在人體中無法合成，須自食物中攝取，是重要而不可缺少的，所以稱為必需的胺基酸：離胺酸（Lysine）、異白胺酸（Isoleucine）、白胺酸（Leucine）、甲硫胺酸（Methionine）、羥丁胺酸

（Threonine）、色胺酸（Tryptophan）、纈胺酸（Valine）、苯丙胺酸（Phenylalanine）及組胺酸（Histidine）。其他十多種胺基酸可在人體內合成，稱為非必需胺基酸（黃伯超、林嘉伯，2003）。

●食物的互補作用

沒有一種食物能供給身體所需的各種營養素，但食物間有互補作用，例如五穀類富含維生素B，可與富含維生素及礦物質的蔬菜、水果互補不足。蛋白質有互補作用，例如黃豆蛋白中離胺酸多，缺少甲硫胺酸，穀類蛋白質則剛好相反，所以兩者一起吃有互補作用。

●食物的替代作用

在設計飲食時要利用食物之可替代性，選食有益健康的食物。例如，將富含不飽和脂肪酸的魚類，替代飽和脂肪酸的豬肉、牛肉；含維生素B及纖維多的糙米飯代換白米飯。

●食物的酸鹼性

食物的酸鹼度之測定（續光清，1996）是將食物燒成灰後，測其灰分含陰性或陽性離子而定。食物經身體新陳代謝後所能顯現之結果，如陰離子大於陽離子，則為酸性，陽離子大於陰離子則為鹼性。例如，橘子經完全燃燒成為二氧化碳而餘較多之陽性

離子，所以橘子為鹼性食品。梅子及杏子燃燒後含有很多苯甲酸，不能為人體代謝，所以為酸性食品。

●六大類食物之酸鹼性

肉、魚、蛋、豬肉、牛肉、魚蝦屬酸性，因其會成為硫酸根，所以為強酸食品。大豆、豆腐為鹼性。牛奶及乳製品為鹼性。

水果類如西瓜、香蕉、橘子為鹼性，梅子、杏子、李子為酸性食物。

蔬菜類為鹼性，如番茄、花椰菜。

油脂類為中性，如沙拉油、玉米油、奶油、豬油。

五穀根莖類之米飯、麵包、玉米等為酸性，因其灰分有很多磷酸根；番薯、馬鈴薯為鹼性。

糖在未精製的紅糖為鹼性，一旦精製後灰分將全部被除去，失去其鹼性之性質。

酒類中之啤酒、清酒含微量之灰分及磷酸，所以為酸性食品。

為維護人體之健康，每人每日攝取之飲食應力求均衡，以維持體內酸鹼之平衡。

●食物的營養價值

食物的營養價值是根據食物所含的營養素和份量而定。

表 7-1　每 100 公克食物所含熱量與營養素的含量比較

食　物	熱量（卡路里）	蛋白質	脂肪	鈣質	鐵質	維生素A	維生素B群	維生素C
五穀根莖類	＋＋＋＋	＋	－	－	－	○	＋	－
汽水、可樂	＋＋	○	○	○	○	○	○	○
後腿瘦肉	＋＋＋	＋＋＋＋	＋＋＋	－	＋	－	＋＋＋	－
魚	＋＋＋	＋＋＋＋	＋＋＋＋	＋	＋	－		○
蛋	＋＋＋	＋＋＋	＋＋＋＋	＋＋＋	＋	＋＋	＋＋	○
全脂奶	＋＋	＋	＋＋＋	＋＋＋＋	－	＋		○
豬肝	＋＋＋	＋＋＋＋	＋＋	－	＋＋＋＋	＋＋＋＋	＋＋＋＋	＋＋＋＋
豆腐	＋＋	＋＋	＋＋＋	＋＋＋	＋＋	－	＋	○
深黃紅色蔬菜 深綠色蔬菜	－	－	－	＋＋＋＋	＋	＋＋＋	＋＋	＋＋
淺綠色蔬菜	－	－	－	＋＋＋	－	＋	＋	＋＋
深黃色水果 如：木瓜、芒果	＋	－	－	＋＋	－	＋＋＋	＋＋	＋＋＋＋
枸櫞類水果 如：橘子、柳丁	＋	－	－	＋＋	－	＋＋＋	＋＋	＋＋＋＋
蘋果	＋			＋			＋＋	＋

圖例：＋＋＋＋非常豐富　＋＋＋豐富　＋＋中等　＋少量　－微量　○沒有

　　大多數的食物不只含有一種營養素，而營養素在不同食物中的含量也有差別。

　　由表 7-1 得知食物不同，所含營養素之種類、數量不同，其營養價值亦不同。例如：

　　深綠（紅、黃）色的蔬菜較淺綠色的蔬菜所含的鈣質和維生素多。

　　深黃色的水果如木瓜、芒果及柑橘類的水果含維生素 A、C 較多。

　　汽水、可樂等飲料僅提供熱量，不含任何營養素。

●膳食纖維

　　含膳食纖維的食物大都是低脂、低熱量的，可以取代高脂的食物。主要來源為蔬菜、水果、穀物和豆類。膳食纖維最好由天然食物中攝取，因為人工添加纖維或纖維錠並不具備膳食纖維的所有功能。

　　膳食纖維的一般建議量為每日二十到三十公克。表 7-2 為常用植物性食品膳食纖維分類表。在一百公克不同植物性食品中所含膳食纖維的量各不同（行政院衛生署，2005a）。每日飲食應選食膳食纖維多的食品並依下列原則增加膳食纖維攝取量。

- 將白米飯改成糙米飯或五穀雜糧飯。
- 每日吃三份蔬菜，菜葉與菜梗都要食用，且不要吐菜渣。
- 吃兩份水果，水果洗淨連皮一起吃。

表 7-2　常用植物性食品膳食纖維分類表　　（以 100 公克計）

	小於 2 公克	2 至 3 公克	大於 3 公克
五穀根莖類	油麵、拉麵、饅頭、白飯、馬鈴薯	菱角、胚芽米、薏仁、芋頭、白土司麵包、番薯	糙米、玉米、蓮子、小麥、綠豆、紅豆、花豆、全麥土司、燕麥片、小米
豆類	豆腐、豆腐皮		小方豆乾、黃豆、黑豆、毛豆
蔬菜類	小白菜、絲瓜、蘆筍、龍鬚菜、番茄、高麗菜、洋蔥、冬瓜、苦瓜	空心菜、花椰菜、茭白筍、菠菜、鮮草菇、蓮藕、油菜、芹菜、小番茄、芥蘭	黃豆芽、鮮香菇、鮮洋菇、金針菇、牛蒡、韭菜、青椒、空心菜、毛豆、四季豆、番薯葉
水果類	蘋果（去皮）、香瓜、哈密瓜、水梨、李子、西瓜、蓮霧、楊桃、草莓、葡萄柚、甘蔗、文旦、鳳梨、水蜜桃、櫻桃、芒果	海梨、奇異果、桃子、木瓜、荔枝、香蕉、梅子	西洋梨、柳丁、榴槤、百香果、紅棗、黑棗、蘋果（連皮）、芭樂、梨（連皮）、龍眼、香吉士、酪梨
堅果及種子類		腰果	開心果、核桃粒、黑芝麻、杏仁果、松子、花生、山粉圓

● 以豆類食品取代肉類。

膳食纖維的攝取量是否足夠，最簡單的方法是觀察大便的量是否多、是否柔軟且成型。

第三節
均衡飲食

食物的種類繁多，要如何適當地攝取食物種類與份量，方能達到均衡的營養。行政院衛生署（2003b）「成人均衡飲食建議量」，建議每日應攝取六大類基本食物及份量，見表7-3。

「成人均衡飲食建議量」係為一般健康的成年人所設計，每個人年齡、體重及活動量不同，使用時可依個人的需要適度增減五穀根莖類的攝取量。青少年須增加五穀根莖類及蛋白質；老年人應酌減油脂類及五穀根莖類的攝取。

依六大類食物中建議的份量攝食，即可達到成人每日所需的熱量和營養素。每種食物所含的營養素種類和份量不同，每日飲食要有變化，要廣泛攝取六大類食物，以獲得均衡飲食，選擇食物時可參考食物代換表（行政院衛生署，2005b）。食物代換表是將相同營養價值的食物歸在同一類，可互相取代，用於飲食計畫中變化食物種類，食物代換表見附錄三。美國對飲食也強調多樣性的實行之建議原則「每日選食多種穀類，特別是全穀物」與「每日選食多樣蔬菜及水果」（US Department of Agriculture,

表 7-3　成人均衡飲食建議量

食物類別	份量	份量單位說明
五穀根莖類	3~6 碗	每碗：飯一碗（200 公克）；或中型饅頭一個；或土司麵包四片。
奶類	1~2 杯	每杯：牛奶一杯（240C.C.）；優酪乳一杯（240C.C.）；乳酪一片（約 30 公克）。
蛋、豆、魚、肉類	4 份	每份：畜肉、家禽或魚類一兩（約 30 公克）；或豆腐一塊（100 公克）或豆漿一杯（240C.C.）；或蛋一個。
蔬菜類	3 碟	每碟：蔬菜三兩（約 100 公克）。
水果類	2 個	每個：中型橘子一個（100 公克）；或番石榴一個。
油脂類	2~3 湯匙	每湯匙：一湯匙油（15 公克）。

＊為簡易使用，每種食物計量按日常生活習慣使用之單位，並以公克、毫升（C.C.）說明其重量及容量。

1992）。

　　體重與飲食有密切關係，體重過重容易引起糖尿病、高血壓和心血管疾病與慢性病；體重過輕抵抗力會降低，容易感染疾病。維持理想體重是維持健康的基礎，成人之理想體重範圍如表 7-4（行政院衛生署，1995）。

●每日飲食總熱量之計算

　　知道自己的理想體重後，即可由表 7-5 每公斤理想體重所需熱量大略計算出每日應攝取的總熱量。表 7-5 體重分為三種：體

表 7-4　成年人之理想體重範圍

身高 （公分）	理想體重範圍 （公斤）	身高 （公分）	理想體重範圍 （公斤）
145	39.0-50.5	166	51.0-66.0
146	39.5-51.0	167	51.5-67.0
147	40.0-52.0	168	52.0-68.0
148	40.5-52.5	169	53.0-68.5
149	41.0-53.0	170	53.5-69.0
150	41.5-54.0	171	54.0-70.0
151	42.0-55.0	172	54.5-71.0
152	42.5-55.5	173	55.0-72.0
153	43.0-56.0	174	56.0-72.5
154	43.5-57.0	175	56.5-73.5
155	44.5-57.5	176	57.0-74.0
156	45.0-58.0	177	58.0-75.0
157	45.5-59.0	178	58.5-76.0
158	46.0-60.0	179	59.0-77.0
159	46.5-60.5	180	60.0-77.5
160	47.0-61.5	181	60.5-78.5
161	48.0-62.0	182	61.0-79.5
162	48.5-63.0	183	62.0-80.0
163	49.0-64.0	184	62.5-81.0
164	49.5-64.5	185	63.0-82.0
165	50.0-65.0	186	64.0-83.0

備註：
1. BMI（Body Mass Index）

$$身體質量指數＝\frac{理想體重（公斤）}{身高^2（公尺^2）}$$

2. 理想體重範圍 BMI＝18.5-24。

個人的理想體重若低於備註 1 計算而得之理想體重，使用上表時可參考理想體重範圍內偏輕之數據。

表 7-5　每公斤標準體重所需熱量（卡）表

體型 體力勞動	體重過重 ＞ 10%	標準體重 ± 10%	體重不足 ＜ 10%
輕度工作	20-25（大卡）	30	35
中度工作	30	35	40
重度工作	35	40	45

輕度工作：家務或辦公室工作者
中度工作：工作須經常走動但不粗重
重度工作：挑石、搬運等粗重工作
本表僅作參考，可因個人需要量不同變動。

重過重、理想體重及體重不足。體力勞動分為輕度工作、中度工作及重度工作三級。若一位具有理想體重擔任家務或辦公室工作者，每公斤體重需熱量 30 大卡，其所需總熱量為理想體重（公斤）×30。所需總熱量的範圍為理想體重×30±10%。若擔任中度工作，每公斤體重需熱量 35 大卡，所需總熱量為理想體重（公斤）×35。所需總熱量範圍為總熱量±10%。由附錄一「國人膳食營養素參考攝取量」也可略知個人每日攝取的總熱量是否適度。

　　每日飲食需要總熱量的計算方式：

　　每日所需總熱量（卡）＝理想體重（公斤）×每公斤理想體重所需熱量（卡）＋其他需要熱量（例如：運動等）。

　　熱量計算單位是卡路里（calorie），簡稱為卡。

　　1 卡＝1 公克水升高攝氏 1℃所需要的熱量。在營養學熱量的

計算上，卡路里的計算單位太小，所以用千卡代替；通常又把千卡稱為大卡。

三大營養素占總熱量的百分比：

行政院衛生署民國八十二到八十五年進行國民營養健康變遷調查後訂定建議值如下，以維持營養之均衡。

醣類應占總熱量的 63%（58-68%）

脂肪應占總熱量的 25%（20-30%）

蛋白質應占總熱量的 12%（10-14%）

三大營養素每公克產生之熱量：

醣類每公克可產生 4 大卡熱量

蛋白質每公克可產生 4 大卡熱量

脂肪每公克可產生 9 大卡熱量

三大營養素每日攝取量之計算：

醣類（公克）＝總熱量× 58-68%÷ 4

蛋白質（公克）＝總熱量×10-14%÷4

脂肪（公克）＝總熱量×20-30%÷9

成人每公斤體重攝取蛋白質 1 公克即足夠；嬰兒、青少年期的每個人，除了維持生命的營養外，還需要供生長、發育用的營養。所需蛋白質量占總熱量的比例較高；但在中、老年期活動量減少，多餘的熱量會變成體脂肪使體重上升，增加疾病罹患率。

表 7-6 為營養成份簡算表，列舉六大類食物每單位之重量所含熱量、蛋白質、脂肪及醣類。試參考略算每餐飲食所供應的熱量及營養素量。

表 7-6　營養成分簡算表

食物名稱	每單位之重量	熱量（大卡）	蛋白質（公克）	脂肪（公克）	醣類（公克）
1. 水果	1 個 3 兩（約 100 公克）	60	0	—	15
2. 蔬菜	1 碟 3 兩	24	1	—	5
3. 油脂	1 茶匙（5 公克）	45		5	—
4. 穀類（飯）	1 碗（200 公克）	272	8	—	60
5. 肉	1 兩（約 30 公克）	73	7	5	—
魚	1 兩	55	7	3	—
豆腐	1 塊（100 公克）	73	7	5	—
蛋	1 個（55 公克）	73	7	5	—
豆漿	1 杯（240 毫升）	55	7	3	—
6. 奶（全脂）	1 杯（240 毫升）	152	8	8	12

第四節
肥胖與體重控制

●肥胖定義

體重過重容易引起高血壓、心血管疾病和糖尿病等慢性病，世界衛生組織有鑒於亞洲人的身體質量指數BMI（Body Mass Index）升高的危險性可能高於白人，乃與該組織有合作關係的國際肥胖專案小組（International Obesity Task Force, IOTF）在一九九九年五月召開亞洲地區專家會議，並於次年做出報告，建議亞洲人應採取較全球肥胖指數為低的身體質量指數為切點，並暫時建議以身體質量指數 23 為「過重」的切點，身體質量指數 25 為「肥胖」的切點。世界衛生組織專家群（WHO Expert Consultation）於二○○二年六月再度在新加坡舉行有關亞洲人身體質量指數切點會議，會中決定以身體質量指數 23、27.5 為亞洲人中度及高度危險性的切點（action point），並建議亞洲各國使用這些切點，以便做出可互相比較的數據。由於亞洲地區肥胖定義爭議很多，我國行政院衛生署乃邀集學者專家研討，決定在現階段建立本國的肥胖定義。

黃伯超教授的分析顯示二十到二十九歲群組的身體質量指數的 95 百分位值約在 22-24 的範圍；三十到六十四群組則約在

24-26的範圍；另外身體質量指數百分之五的百分位值約在17-18的範圍。肥胖定義小組因此建議身體質量指數24為國人之「過重」切點，27為「肥胖」的切點，以18.5為「過瘦」的切點（行政院衛生署，2005c）。

行政院衛生署於二〇〇四年八月制訂我國成人肥胖定義如下：

●成人肥胖定義

	身體質量指數（BMI）（kg/m2）	腰圍
體重過輕	BMI < 18.5	
正常範圍	18.5≦BMI < 24	
異常範圍	過重：24≦BMI < 27 輕度肥胖：27≦BMI < 30 中度肥胖：30≦BMI < 35 重度肥胖：BMI≧35	男性：≧90公分 女性：≧80公分

身體質量指數=體重（公斤）／身高（公尺²），BMI的正常範圍為18.5≦BMI≦24；24≦BMI<27為過重；BMI>27及以上，就屬於肥胖。但是BMI在正常範圍內，如果男性腰圍≧90公分（約35.5吋）；女性腰圍≧80公分（約31.6吋）也算是肥胖。

知道肥胖定義之後，才能了解自己有無這方面的問題，進而能夠預防和治療。

●理想的減重方法（行政院衛生署，2005d）

適當的飲食控制

請營養師為您設計一套飲食計畫。

減重要緩慢進行，每日減少攝取 500 大卡熱量，或增加 500 大卡熱量消耗，則一星期約可減少體重半公斤。

飲食控制：

- 每日以三餐為主，平均分配，不可偏重任何一餐，且盡量不吃點心。
- 改變進餐的程序：先喝湯，喝完湯後吃蔬菜，最後小口的慢慢吃肉類和飯。
- 多吃新鮮蔬菜、少吃花生等堅果類及油炸等高熱量食物。
- 不吃零食、甜點，在兩餐間感到飢餓時，可吃些新鮮水果或生的蔬菜（例如：胡蘿蔔、小黃瓜等）。
- 多利用燉、煮、蒸、烤、涼拌與不必加油的烹調方法。
- 家裡不要留存零食。

適當的運動

運動的好處：

- 加速消耗體內堆積的脂肪和攝取的熱量。
- 加強心肺功能及使肌肉達到充分的運用。

運動原則：

- 請教醫師，選擇適合您年齡、身體狀況的運動。
- 慢慢增加運動量，要持之以恆，養成習慣。
- 選擇一些可活動全身肌肉的有氧運動，如表 7-7 所列，快步走、慢跑、游泳等。

表 7-7　各類運動所消耗之熱量　單位：大卡／公斤（體重）／小時

下樓梯（12 公里／小時）	7.1 大卡／公斤（體重）／小時	羽毛球	5.1
上樓梯（16 公里／小時）	10.0-18.0	排球	5.1
騎腳踏車（8.8公里／小時）	3.0	乒乓球	5.3
走步（4公里／小時）	3.1	溜冰刀（16公里／小時）	5.9
划獨木舟（4公里／小時）	3.4	網球	6.2
高爾夫球	3.7	爬岩（35公尺／小時）	7.0
保齡球	4.0	滑雪（16公里／小時）	7.2
快步走（6.0公里／小時）	4.4	手球	8.8
划船（4公里／小時）	4.4	騎腳踏車（20.9公里／小時）	9.7
游泳（0.4公里／小時）	4.4	拳擊	11.4
跳舞（快）	5.1	划船比賽	12.4
溜輪鞋	5.1	跑步（16公里／小時）	13.2
騎馬（小跑）	5.1		

*各種運動所消耗的總熱量與運動時間的長短有極密切的關係。

- 增加運動量的機會，如：選擇步行取代乘車到目的地；上下樓用樓梯取代電梯等。

對減肥較無效的運動（伊莉，1984）：

- 動態運動：一百公尺短跑為無氧運動，運動激烈且幾乎消耗不到脂肪。
- 靜態運動：仰臥起坐、伏地挺身，可強化肌力，對減肥並沒有直接的效果。

不當的減肥方法：

⑴醫藥：減肥藥、外科手術。

⑵飲食療法：減肥茶、飢餓法等。

⑶其他：三溫暖、針灸等。

終身要注意肥胖的產生：

自胎兒期到青少年期要注意肥胖的形成，成人則勿過度攝取飲食，造成肥胖。

肥胖有兩種：

1. 增生性肥胖：脂肪細胞數增加。

2. 肥厚性肥胖：脂肪細胞體積擴大。

一生中有三次脂肪細胞數增加的機會：

1. 胎兒期最後三個月。

2. 出生到一歲嬰兒期。

3. 青春期。

在生長階段脂肪細胞數增加力相當旺盛，其他時間就是脂肪細胞體積擴大而變成肥胖。所以在懷孕末期要節制飲食；出生後到一歲的嬰兒期不能過量餵食。青春期之青少年應注意，不可多吃熱量過高的食物（例如：披薩、漢堡，或油炸薯條）及零食，以免過胖。即自胎兒期至青少年期要注意肥胖的形成，成人則勿過度攝取飲食，造成肥胖（伊莉，1984）。

●我國肥胖政策

行政院衛生署據一九九三至一九九六年台灣地區第一次國民健康狀況變遷調查資料推算，以身體質量指數 24 與 27 為國人過重與肥胖之切點，則男性和女性體重過重的人口分別為 23%與 20%，肥胖的人口男性 11%、女性 13%。

為使肥胖者能經由減輕體重改善慢性病症狀，衛生署於民國八十六年起於各縣市辦理體重控制班，為期八週，參加的八千位學員平均減輕二到十公斤。

民國九十一至九十六年又計畫擴大舉辦成人體控班，期望參加體重控制班的民眾 80%飲食符合均衡原則及有規律的運動；國人肥胖比率由 11%降為 8%，過重比率由 21.5%降為 18%。同時還舉辦減肥活動，例如：推出健康盒餐、挑戰「1824」等。

健康盒餐

由於國人上班族工作繁忙，外食者多，行政院衛生署為維護

國人健康，倡導均衡飲食的觀念，特邀集營養專家根據國人一般成人理想體重所需熱量，女性 1650 大卡，男性約 2000 大卡，設計低熱量營養均衡的中餐、午餐兩種健康盒餐。每盒餐所含熱量分別為 600、700、800 及 900 大卡四種，將六大類食物每類食物的熱量與營養素均標示在餐盒上，供使用者依個人的需要選購（行政院衛生署，2002）。

目前已有多家盒餐業者、大型餐廳及觀光飯店體認健康的重要，群起響應，其他業者也陸續參加中，這項運動對國人健康有莫大的助益。

挑戰「1824」活動

行政院衛生署於民國九十三年舉辦挑戰「1824」（成人健康體位）拿大獎活動。全體國民均可參加，參加者先到各縣市衛生所領取挑戰「1824」登錄卡，填寫體位測量表。登錄卡背面記錄 BMI 之變化，至少有三次紀錄經衛生所蓋印認證。參加者起始的 BMI 不低於 24，至終不低於 18.5 者，均可參加抽獎活動，BMI 變化最多的前三名另有大獎（行政院衛生署，2004）。

第五節
結語

我們的身體需要營養素維持生命，這些營養素是醣類、蛋白質、脂肪、維生素和礦物質。日常生活中的體力來自醣類和脂肪產生的熱量。人體生長發展與新陳代謝必需的原料是蛋白質，維生素和礦物質可以調節生理作用。

營養素的來源是食物，每日依「成人均衡飲食建議量」攝取六大類基本食物多變化，不偏食，就能獲得均衡完整的營養。米飯五穀類主食提供人體所需的醣類，奶、肉、魚、蛋、豆類供給良質蛋白質，維生素與礦物質的供給來源以蔬菜、水果為主。

營養素的計算可參考營養成分簡算表，得知每類食物所含的熱量及營養素，於設計餐飲時可略算每餐飲食中所供給的熱量及營養素，每餐要常變化食物，食物代換表可參考替代。

體重與健康有密切關係，個人可依自己身高與身體質量指數（BMI）算得理想體重，就可據以查閱每公斤所需的熱量，再計算出每日所需的總熱量，據以控制飲食。如果身體質量指數偏高，就需降脂減重，避免引起心血管疾病等慢性疾病，控制飲食與有恆的運動是減重的最佳途徑。養成良好飲食習慣，攝取均衡營養，健康方可保障。

問題與思考

一、何謂均衡的飲食？

二、試寫出一份符合均衡飲食的一日菜單，並算出熱量。

三、試設計一份減肥菜單，每日 1400 大卡。

四、為何孕婦要注重營養？

五、如何安排老人的膳食？

參考文獻

1. 王瑞蓮、蕭寧遠（2003）。台灣營養調查 NAHSIT 1993-1996 之飲食六大類食物變化性（頁 1-10）。中華民國營養學會雜誌，**28**（1）。

2. 行政院衛生署食品資訊網（2005b）。http://food .doh.gov.tw/chinese/health/health_3_2.htm,2005/3/2，食物份量代換表，P.1-8。

3. 行政院衛生署食品資訊網（2005c）。http://food .doh.gov.tw/health bite/eat_health/control_weigh01.htm，2005/3/2，成人肥胖定義及處理原則（頁 1-2）。台北：行政院衛生署。

4. 行政院衛生署（2001）。食物營養與你（頁 33-35）。台北：行政院衛生署。

5. 行政院衛生署（2003a）。國人營養素參考攝取量。台北：行政院衛生署。

6. 行政院衛生署（2003b）。成人均衡飲食。台北：行政院衛生署。

7. 行政院衛生署（2005a）。增加纖維遠離疾病。台北：行政院衛生署。

8. 行政院衛生署（2005d）。控制體重秘訣。台北：行政院衛生署。

9. 行政院衛生署（2002）。健康餐盒（頁10-11）。健康飲食文化。台北：行政院衛生署。

10. 行政院衛生署（2004）。挑戰1824〔成人健康體位〕。

11. 行政院衛生署（1995）。國民飲食指標。台北：行政院衛生署。

12. 行政院衛生署（1996）。中華民國飲食指南。台北：行政院衛生署。

13. 伊莉譯（1984）。認識肥胖。台北：中國時報，8月6日12版。

14. 林薇、劉貴雲、陳亞惠、劉怡君（2001）。成人降低脂肪攝取量營養教育課程-「減脂之旅」成效評估研究。中華民國營養學會雜誌，**26**（3）。

15. 陳正雄、蘇正德（2001）。新編食品化學（頁182-192）。台北：華格那。

16. 黃伯超、林嘉伯（2003）。蛋白質。國人膳食營養素參考攝取量及其說明（頁25-35）。台北：行政院衛生署。

17. 黃伯超、游東玲（1990）。營養學精要（頁102）。國立台灣大學醫學院生化研究所編著。台北。

18. 續光清（1996）。食品化學（頁81-100）。台北：徐氏基金會。

19. Lee, F. A. (1983). *Basic Food Chemistry*, P.199-218 The AVI PUBLISHING COMPANY, ZNC. (2nd ed). 台北：華香園。

20. US Department of Agriculture (1992). The food guide pyramid. Home and Garden Bull, Na252, Washington, DC.

21. Pan, Wen-Harn; Chang, Ya-Hui; Chen, Jirn-Yih; Wu, Shin-Jiuan; Tzeng, Min-Su; Kao, Mei-Ding (1999). Nutrition and Health Survey in Taiwan (NAHSIT) 1993-1996: Dietary Nutrient Intakes Assessed by 24-Hour Recall, *Nutritional Sciences Journal, Nutrition Society in Taipei, 24*(1), 11-39.

22. Wu, Shin-Jiuan; Chang, Ya-Hui; Fang, Chia-Wen and Pan, Wen-Harn (1999). Food Sources of Weight, Calories, and Three Macro-nutrients-NAHSIT 1993-1996（台灣地區成人攝取的食物總重量、熱量及三大營養素的食物來源）。*Nutritional Sciences Journal, Nutrition Society in Taipei, 24*(1), 41-58.

附錄

附錄一：國人膳食營養素參考攝取量
（Dietary Reference Intakes, DRIs）

行政院衛生署 中華民國九十一年修訂

營養素	身高	體重	熱量 (2)(3)	蛋白質 (4)	鈣 RDA	磷 AI	鎂 AI	碘 RDA *
單位 年齡(1)	公分 （cm）	公斤 （kg）	大卡 （kcal）	公克 （g）	毫克 （mg）	毫克 （mg）	毫克 （mg）	微克 （μg）
0 月～	57.0	5.1	110-120/公斤	2.4/公斤	200	150	30	AI=110
3 月～	64.5	7.0	110-120/公斤	2.2/公斤	300	200	30	AI=110
6 月～	70.0	8.5	100/公斤	2.0/公斤	400	300	75	AI=130
9 月～	73.0	9.0	100/公斤	1.7/公斤	400	300	75	AI=130
1 歲～	90.0	12.3		20	500	400	80	65
（稍低）			1050					
（適度）			1200					
	男 女	男 女	男　　女	男　女			男 女	
4 歲～	110	19.0		30　30	600	500	120	90
（稍低）			1450　1300					
（適度）			1650　1450					
7 歲～	129	26.4		40　40	800	600	165	100
（稍低）			1800　1550					
（適度）			2050　1750					
10 歲～	146 150	37　40		50　50	1000	800	230 240	110
（稍低）			1950　1950					
（適度）			2200　2250					
13 歲～	166 158	51　49		65　60	1200	1000	325 315	120
（稍低）			2250　2050					
（適度）			2500　2300					

（下頁續）

（續上頁）

年齡／活動強度	身高 男	身高 女	體重 男	體重 女	熱量 男	熱量 女	蛋白質 男	蛋白質 女	男	女	男	女	
16歲～	171	161	59.5	51			70	55	1200	1000	380	315	130
（低）					2050	1650							
（稍低）					2400	1900							
（適度）					2700	2150							
（高）					3050	2400							
19歲～	169	157	62	51			60	50	1000	800	360	315	140
（低）					1950	1600							
（稍低）					2250	1800							
（適度）					2550	2050							
（高）					2850	2300							
31歲～	168	156	62	53			56	48	1000	800	360	315	140
（低）					1850	1550							
（稍低）					2150	1800							
（適度）					2450	2050							
（高）					2750	2300							
51歲～	165	153	60	52			54	47	1000	800	360	315	140
（低）					1750	1500							
（稍低）					2050	1800							
（適度）					2300	2050							
（高）					2550	2300							
71歲～	163	150	58	50			58	50	1000	800	360	315	140
（低）					1650	1450							
（稍低）					1900	1650							
（適度）					2150	1900							
懷孕 第一期					＋0		＋0		＋0		＋0	＋35	＋60
第二期					＋300		＋10		＋0		＋0	＋35	＋60
第三期					＋300		＋10		＋0		＋0	＋35	＋60
哺乳期					＋500		＋15		＋0		＋0	＋0	＋110

＊未標明 AI〔足夠攝取量（Adequate Intakes）〕值者，即為 RDA〔建議量（Recommended Dietary allowance）〕值

（註）(1)年齡係以足歲計算。

(2)1 大卡（Cal；kcal）＝ 4.184 仟焦耳（kj）；油脂熱量以不超過總熱量的 30% 為宜。

(3)「低、稍低、適度、高」表示生活活動強度之程度。

(4)動物性蛋白在總蛋白質中的比例，1 歲以下的嬰兒以占 2/3 以上為宜。

	RDA	AI	*	*	*	AI	AI	*
營養素	鐵 （5）	氟	硒	維生素A （6）	維生素C	維生素D （7）	維生素E （8）	維生素B₁
單位 年齡	毫克 （mg）	毫克 （mg）	微克 （µg）	微克 （µg）	毫克 （mg）	微克 （µg）	毫克 （mg）	毫克 （mg）
0月～	7	0.1	AI=15	AI=400	AI=40	10	3	AI=0.2
3月～	7	0.3	AI=15	AI=400	AI=40	10	3	AI=0.2
6月～	10	0.4	AI=20	AI=400	AI=50	10	4	AI=0.3
9月～	10	0.5	AI=20	AI=400	AI=50	10	4	AI=0.3
1歲～	10	0.7	20	400	40	5	5	
（稍低）								0.5
（適度）								0.6
	男 女			男 女				男 女
4歲～	10	1.0	25	400	50	5	6	
（稍低）								0.7 0.7
（適度）								0.8 0.7
7歲～	10	1.5	30	400	60	5	8	
（稍低）								0.9 0.8
（適度）								1.0 0.9
10歲～	15	2.0	40	500 500	80	5	10	
（稍低）								1.0 1.0
（適度）								1.1 1.1
13歲～	15	2.0	50	600 500	90	5	12	
（稍低）								1.1 1.0
（適度）								1.2 1.1
16歲～	15	3.0	50	700 500	100	5	12	
（低）								1.0 0.8
（稍低）								1.2 1.0
（適度）								1.3 1.1
（高）								1.5 1.2

（下頁續）

（續上頁）

19 歲～	10	15	3.0	50	600	500	100	5	12	
（低）										1.0　0.8
（稍低）										1.1　0.9
（適度）										1.3　1.0
（高）										1.4　1.1
31 歲～	10	15	3.0	50	600	500	100	5	12	
（低）										0.9　0.8
（稍低）										1.1　0.9
（適度）										1.2　1.0
（高）										1.4　1.1
51 歲～	10		3.0	50	600	500	100	10	12	
（低）										0.9　0.8
（稍低）										1.0　0.9
（適度）										1.1　1.0
（高）										1.3　1.1
71 歲～	10		3.0	50	600	500	100	10	12	
（低）										0.8　0.7
（稍低）										1.0　0.8
（適度）										1.1　1.0
懷孕										
第一期	＋0		＋0	＋10	＋0		＋10	＋5	＋2	＋0
第二期	＋0		＋0	＋10	＋0		＋10	＋5	＋2	＋0.2
第三期	＋30		＋0	＋10	＋100		＋10	＋5	＋2	＋0.2
哺乳期	＋30		＋0	＋20	＋400		＋40	＋5	＋3	＋0.3

＊未標明 AI〔足夠攝取量（Adequate Intakes）〕值者，即為 RDA〔建議量（Recommended Dietary allowance）〕值

（註）(5) 日常國人膳食中之鐵質攝取量，不足以彌補婦女懷孕，分娩失血及泌乳時之損失，建議自懷孕第三期至分娩後兩個月內，每日另以鐵鹽供給 30 毫克之鐵質。

(6) R.E.（Retinol Equivalent）即視網醇當量。

1μg R.E.= 1μg 視網醇（Retinol）=6μgβ-胡蘿蔔素（β-Carotene）

(7) 維生素 D 係以維生素 D_3（Cholecalciferol）為計量標準。

1μg=40I.U.維生素 D_3

(8) α-T.E.（α-Tocopherol Equivalent）即α-生育醇當量。1mg α-Tocopherol

	*		*	RDA	*		RDA	AI	AI	AI
營養素	維生素B_2		維生素B_6	維生素B_{12}	菸鹼素（9）		葉酸	泛酸	生物素	膽素	
單位 年齡	毫克（mg）		毫克（mg）	微克（μg）	毫克（mg NE）		微克（μg）	毫克（mg）	微克（μg）	毫克（mg）	
0月～	AI=0.3		AI=0.1	AI=0.3	AI=2mg		AI=65	1.8	5.0	130	
3月～	AI=0.3		AI=0.1	AI=0.4	AI=3mg		AI=70	1.8	5.0	130	
6月～	AI=0.4		AI=0.3	AI=0.5	AI=4		AI=75	1.9	6.5	150	
9月～	AI=0.4		AI=0.3	AI=0.6	AI=5		AI=80	2.0	7.0	160	
1歲～			0.5	0.9			150	2.0	8.5	170	
（稍低）	0.6				7						
（適度）	0.7				8						
	男	女	男　女	男　女	男	女				男	女
4歲～			0.7	1.2			200	2.5	12.0	210	
（稍低）	0.8	0.7			10	9					
（適度）	0.9	0.8			11	10					
7歲～			0.9	1.5			250	3.0	15.0	270	
（稍低）	1.0	0.9			12	10					
（適度）	1.1	1.0			13	11					
10歲～			1.1	2.0			300	4.0	20.0	350	350
（稍低）	1.1	1.1			13	13					
（適度）	1.2	1.2			14	14					
13歲～			1.3	2.4			400	4.5	25.0	450	350
（稍低）	1.2	1.1			15	13					
（適度）	1.4	1.3			16	15					
16歲～			1.4	2.4			400	5.0	30.0	450	360
（低）	1.1	0.9			13	11					
（稍低）	1.3	1.0			16	12					
（適度）	1.5	1.2			17	14					
（高）	1.7	1.3			20	16					

（下頁續）

（續上頁）

			1.5	2.4			400	5.0	30.0	450	360
19 歲～											
（低）	1.1	0.9			13	11					
（稍低）	1.2	1.0			15	12					
（適度）	1.4	1.1			17	13					
（高）	1.6	1.3			18	15					
31 歲～			1.5	2.4			400	5.0	30.0	450	360
（低）	1.0	0.9			12	10					
（稍低）	1.2	1.0			14	12					
（適度）	1.3	1.1			16	13					
（高）	1.5	1.3			18	15					
51 歲～			1.6	2.4			400	5.0	30.0	450	360
（低）	1.0	0.8			12	10					
（稍低）	1.1	1.0			13	12					
（適度）	1.3	1.1			15	13					
（高）	1.4	1.3			17	15					
71 歲～			1.6	2.4			400	5.0	30.0	450	360
（低）	0.9	0.8			11	10					
（稍低）	1.0	0.9			12	11					
（適度）	1.2	1.0			14	12					
懷孕											
第一期	＋ 0		＋ 0.4	＋ 0.2	＋ 0		＋ 200	＋ 1.0	＋ 0	＋ 20	
第二期	＋ 0.2		＋ 0.4	＋ 0.2	＋ 2		＋ 200	＋ 1.0	＋ 0	＋ 20	
第三期	＋ 0.2		＋ 0.4	＋ 0.2	＋ 2		＋ 200	＋ 1.0	＋ 0	＋ 20	
哺乳期	＋ 0.4		＋ 0.4	＋ 0.4	＋ 4		＋ 100	＋ 2.0	＋ 5.0	＋ 140	

＊未標明 AI〔足夠攝取量（Adequate Intakes）〕值者，即為 RDA〔建議量（Recommended Dietary allowance）〕值

（註）(9) N.E.（Niacin Equivalent）即菸鹼素當量。菸鹼素包括菸鹼酸及菸鹼醯胺，以菸鹼素當量表示之。

附錄二：礦物質及維生素之上限攝取量

（Tolerable Upper Intake Levels, UL）

營養素 單位 年齡	鈣 毫克(mg)	磷 毫克(mg)	鎂 毫克(mg)	碘 微克(μg)	鐵 毫克(mg)	硒 微克(μg)	氟 毫克(mg)	維生素A 微克(μg RE)	維生素C 毫克(mg)	維生素D 微克(μg)	維生素E 毫克(mg α-TE)	維生素B6 毫克(mg)	葉酸 微克(μg)	膽素 公克(g)	菸鹼酸 毫克(mg NE)
0月~						35	0.7								
3月~				35		50		600		25					
6月~						60	0.9								
9月~						65									
1歲~			145	200		90	1.3	600	400		200	30	300	1	10
4歲~		3000	230	300		135	2	900	650		300	40	400	1	15
7歲~			275	400	35	185	3						500	1	20
10歲~			580	600		280		1700	1200		600		700	2	25
13歲~	2500		800			360		2800	1800	50	800	60	800	2	30
16歲~		4000											900	3	
19歲~			700				10								
31歲~				1000	40	400		3000	2000		1000	80	1000	3.5	35
51歲~															
71歲~		3000													
懷孕 第一期 第二期 第三期	2500	4000	700	1000	40	400	10	3000	2000	50	1000	80	1000	3.5	35
哺乳期	2500	4000	700	1000	40	400	10	3000	2000	50	1000	80	1000	3.5	35

附錄三：食物份量代換表

（節錄自衛生署食物份量代換表）

1. 食物代換表

品名	蛋白質	脂肪	醣類	熱量
奶類（全脂）	8	8	12	150
（低脂）	8	4	12	120
（脫脂）	8	＋	12	80
肉、魚、（低脂）	7	3	＋	55
蛋、豆類（中脂）	7	5	＋	75
（高脂）	7	10	＋	120
主食類	2	＋	15	70
蔬菜類	1		5	25
水果類	＋		15	60
油脂		5		45

註：＋表微量

2. 奶類

食物名稱	份量	重量	蛋白質（公克）	油脂（公克）	醣類（公克）	熱量（大卡）
全脂奶	1 杯	240 毫升	8	8	12	150
全脂奶粉	4 湯匙	35 公克	8	8	12	150
低脂奶	1 杯	240 毫升	8	4	12	120
低脂奶粉	3 湯匙	25 公克	8	4	12	120
脫脂奶	1 杯	240 毫升	8	＋	12	80
脫脂奶粉	3 湯匙	25 公克	8	＋	12	80

註：＋表微量

3. 五穀根莖類

每份含蛋白質 2 公克、醣類 15 公克、熱量 70 大卡

名稱	份量	可食重量（公克）	名稱	份量	可食重量（公克）
米、小米、糯米	1/10 杯	20	大麥、小麥、蕎麥		20
*西谷米（粉圓）	2 湯匙	20	燕麥、麥片		20
*米台目（濕）		80	麥粉、麵粉	3 湯匙	20
*米粉（濕）		30-50	麵條（濕）		30
飯	1/4 碗	50	麵條（熟）	1/2 碗	60
粥（稠）	1/2 碗	125	拉麵	1/4 杯	25
玉米粒	1/3 根或 1/2 杯	50	油麵	1/2 杯	45
馬鈴薯（3 個/斤）	1/2 個（中）	90	饅頭	1/4 個（大）	30
番薯（4 個/斤）	1/2 個（小）	60	土司	1 片（小）	25
山藥	1 個（小）	70	漢堡麵包	1/2（個）	25
芋頭	1/5 個（中）	60	蘇打餅乾	3 片	20
南瓜		100	餃子皮	4 張	30
蓮藕		120	餛飩皮	3-7 張	30
白年糕		30	春捲皮	2 張	30
小湯圓（無餡）	約 10 粒	30	燒餅（＋ 1/2 茶匙油）	1/2 個	30
蘿蔔糕	1 塊	70	油條（＋ 1 茶匙油）	1/2 根	35
豬血糕		30	+奶酥麵包	1/3 個（小）	20
			+菠蘿麵包	1/3 個（小）	20

註：1.此表中所指每份份量為每日成人均衡飲食中每份量之 1/4。
　　2.＊表示蛋白質含量較其他主食為低。另如冬粉、涼粉皮、藕粉、粉條、仙草、愛玉等之蛋白質含量亦甚低。
　　3.＋表示菠蘿、奶酥麵包油脂含量較高。

4. 魚、肉、蛋類

名稱	重量 （公克） （生重）	蛋白質 （公克）	脂肪 （公克）	熱量 （大卡）	名稱	重量 （公克） （生重）	蛋白質 （公克）	脂肪 （公克）	熱量 （大卡）
一般魚類	35	7	3 以下	55	魚鬆	25	7	5	75
蝦米	10	7	3 以下	55	虱目魚	35	7	5	75
小魚乾	10	7	3 以下	55	*虱目魚丸	50	7	5	75
草蝦	30	7	3 以下	55	*花枝丸	50	7	5	75
小卷（鹹）	35	7	3 以下	55	雞翅、雞排	35	7	5	75
花枝	40	7	3 以下	55	雞爪	30	7	5	75
章魚	55	7	3 以下	55	豬排、羊排	35	7	5	75
牡蠣	65	7	3 以下	55	*豬肉鬆	20	7	5	75
文蛤	60	7	3 以下	55	雞蛋	55	7	5	75
瘦豬前腿	35	7	3 以下	55	秋刀魚	35	7	10	120
瘦豬後腿	35	7	3 以下	55	鱈魚	50	7	10	120
牛腩、牛腱	35	7	3 以下	55	豬後腿肉	35	7	10	120
◎豬血	220	7	3 以下	55	豬蹄膀	40	7	10 以上	135 以上
◎豬肝	25	7	3 以下	55	梅花肉	45	7	10 以上	135 以上
雞胸肉	30	7	3 以下	55	五花肉	45	7	10 以上	135 以上
雞腿	35	7	3 以下	55	豬前腿肉	45	7	10 以上	135 以上
雞蛋白	70	7	3 以下	55	香腸	40	7	10 以上	135 以上
◎豬肚	50	7	5	75	熱狗	50	7	10 以上	135 以上

註：*加 5-10 公克醣類，熱量較其他食物為高。　◎內臟含膽固醇較高。

5. 豆類及其製品

名稱	重量 （公克） （生重）	蛋白質 （公克）	脂肪 （公克）	熱量 （大卡）	名稱	重量 （公克） （生重）	蛋白質 （公克）	脂肪 （公克）	熱量 （大卡）
豆皮	15	7	3	55	干絲、百頁	25	7	5	75
豆腐乳	30	7	3	55	五香豆乾	45	7	5	75
豆漿	240 毫升	7	3	55	素雞	50	7	5	75
烤麩	40	7	3	55	豆腐	110	7	5	75
麵腸	40	7	3	55	麵筋泡	20	7	10	120

6. 蔬菜

每份 100 公克（可食部分），含蛋白質 1 公克，醣類 5 公克，熱量 25 大卡

絲瓜	大白菜	青江菜	番薯
葫蘆	苜蓿芽	芥藍菜	空心菜
大黃瓜	*大頭菜	韭菜	綠豆芽
蘿蔔	韭黃	麻竹筍	*油菜
芹菜	番茄	桂竹筍	*萵苣菜
茄子	扁豆	*胡蘿蔔	高麗菜
青椒	*冬筍	小黃瓜	蘆筍
洋蔥	九層塔	玉蜀黍	紅鳳菜
四季豆	甜豌豆莢	茭白筍	韭菜花
*菠菜	*紅莧菜	紫色甘藍	小麥草
塌棵菜	黃秋葵	菜豆	*豌豆苗
*草菇	香菇（濕）	*龍鬚菜	*黃豆芽
苦瓜	綠竹筍	洋菇	皇帝豆
小白菜	金針	豌豆莢	蘑菇

註：＊表示每份蔬菜類含鉀量≧300 毫克（資料來源：靜宜大學高教授美丁）

7. 水果

每份含糖類 15 公克、熱量 60 大卡

名稱	份量（個）	可食重量（公克）	名稱	份量（個）	可食重量（公克）
香瓜		130	白柚（4 斤/個）	1/10	150
紅柿（6 個/斤）	3/4	70	蓮霧（7 ⅓個/斤）	3	225
黑棗	4	20	⊕椪柑（3 個/斤）	1	150
李子（14 個/斤）	4	145	龍眼	—	80
蘋果（4 個/斤）	4/5	110	水蜜桃（4 個/斤）	1	135
葡萄	13	100	芒果（1 個/斤）	1/4	100
紅棗	9	20	鳳梨（4½斤/個）	1/10	125
葡萄柚（1½個/斤）	2/5	140	⊕柳丁（4 個/斤）	1	130
⊕楊桃（2 個/斤）	2/3	180	奇異果（6 個/斤）	1 ¼	110
百香果（8 個/斤）	1½	60	釋迦（2 個/斤）	2/5	60
櫻桃	9	80	⊕檸檬（3 ⅓個/斤）	1 ½	190
24 世紀梨（2¾個/斤）	2/5	130	紅西瓜（20 斤/個）	1 片	180
山竹（6 ¾個/斤）	5	90	⊕番石榴（1 ⅗個/斤）	1/2	140
荔枝（27 個/斤）	5	90	⊕＊草莓（32 個/斤）	9	160
枇杷		125	木瓜（1 個/斤）	1/6	95
香蕉（3 ⅓個/斤）	1/2	55	黃西瓜（5 ½斤/個）	1/10	210
椰子		75	桃子		220
			＊哈密瓜（1 ⅘斤/個）	2/5	330

註：1.＊每份水果含鉀量≧300 毫克（資料來源：靜宜大學高教授美丁）。
　　2.⊕表示維生素 C 含量較高的水果。
　　3.桃子、哈密瓜蛋白質含量較高。

8. 油脂類

每份一茶匙含脂肪 5 公克，熱量 45 大卡

食物名稱	可食份量	可食部分重量（公克）
植物油（沙拉油、大豆油、玉米油、麻油、紅花子油、花生油、葵花子油、*椰子油）	1 茶匙	5
*動物油（豬油、牛油）	1 茶匙	5
瑪琪琳	1 茶匙	5
*蛋黃醬	1 茶匙	5
*沙拉醬（法國式、義大利式）	2 茶匙	10
*鮮奶油	1 湯匙	15
*奶油乳酪	2 茶匙	12
腰果	5 粒	8
各種花生	10 粒	8
花生粉	1 湯匙	8
花生醬	1 茶匙	8
黑（白）芝麻	2 茶匙	8
開心果	10 粒	7
核桃仁	2 粒	7
杏仁果	5 粒	7
瓜子	1 湯匙（約 30 粒）	7
南瓜子	1 湯匙（約 30 粒）	8
*培根	1 片	10
酪梨	4 湯匙	50

註：*含飽和脂肪酸。
　　1 湯匙＝ 3 茶匙

國家圖書館出版品預行編目資料

二十一世紀的終身學習／王惠芝等合著.
--初版.-- 臺北市：心理，2005（民 94）
面；　公分.--（教育願景；24）

ISBN 957-702-805-5（平裝）

1.成人教育　　　　2.終身教育

528.44　　　　　　　　　　94011661

教育願景 24　二十一世紀的終身學習

作　　　者：王惠芝、林震岩、陳玉台、楊嘉麗
執行編輯：謝玫芳
總　編　輯：林敬堯
出　版　者：心理出版社股份有限公司
社　　　址：台北市和平東路一段 180 號 7 樓
總　　　機：(02) 23671490　　傳　　真：(02) 23671457
郵　　　撥：19293172　心理出版社股份有限公司
電子信箱：psychoco@ms15.hinet.net
網　　　址：www.psy.com.tw
駐美代表：Lisa Wu　　tel: 973 546-5845　　fax: 973 546-7651
登　記　證：局版北市業字第 1372 號
電腦排版：辰皓國際出版製作有限公司
印　刷　者：中茂分色製版印刷事業股份有限公司
初版一刷：2005 年 8 月

定價：新台幣 250 元　　■有著作權・侵害必究■
ISBN 957-702-805-5

讀者意見回函卡

No._____　　　　　　　　　　填寫日期：　年　月　日

感謝您購買本公司出版品。為提升我們的服務品質，請惠填以下資料寄回本社【或傳真(02)2367-1457】提供我們出書、修訂及辦活動之參考。您將不定期收到本公司最新出版及活動訊息。謝謝您！

姓名：_____　　性別：1□男　2□女

職業：1□教師 2□學生 3□上班族 4□家庭主婦 5□自由業 6□其他____

學歷：1□博士 2□碩士 3□大學 4□專科 5□高中 6□國中 7□國中以下

服務單位：_____　部門：_____　職稱：_____

服務地址：_____　電話：_____　傳真：_____

住家地址：_____　電話：_____　傳真：_____

電子郵件地址：_____

書名：_____

一、您認為本書的優點：（可複選）

　❶□內容 ❷□文筆 ❸□校對 ❹□編排 ❺□封面 ❻□其他____

二、您認為本書需再加強的地方：（可複選）

　❶□內容 ❷□文筆 ❸□校對 ❹□編排 ❺□封面 ❻□其他____

三、您購買本書的消息來源：（請單選）

　❶□本公司 ❷□逛書局⇨_____書局 ❸□老師或親友介紹

　❹□書展⇨____書展 ❺□心理心雜誌 ❻□書評 ❼其他_____

四、您希望我們舉辦何種活動：（可複選）

　❶□作者演講 ❷□研習會 ❸□研討會 ❹□書展 ❺□其他____

五、您購買本書的原因：（可複選）

　❶□對主題感興趣 ❷□上課教材⇨課程名稱_____

　❸□舉辦活動 ❹□其他_____　　　　（請翻頁繼續）

（免貼郵票）

 心理出版社 股份有限公司

台北市 106 和平東路一段 180 號 7 樓

TEL: (02) 2367-1490
FAX: (02) 2367-1457
EMAIL:psychoco@ms15.hinet.net

沿線對折訂好後寄回

六、您希望我們多出版何種類型的書籍

❶□心理 ❷□輔導 ❸□教育 ❹□社工 ❺□測驗 ❻□其他

七、如果您是老師，是否有撰寫教科書的計劃：□有□無

　　書名／課程：＿＿＿＿＿＿＿＿＿＿＿＿＿＿＿＿＿＿＿

八、您教授／修習的課程：

上學期：＿＿＿＿＿＿＿＿＿＿＿＿＿＿＿＿＿＿＿＿＿

下學期：＿＿＿＿＿＿＿＿＿＿＿＿＿＿＿＿＿＿＿＿＿

進修班：＿＿＿＿＿＿＿＿＿＿＿＿＿＿＿＿＿＿＿＿＿

暑　假：＿＿＿＿＿＿＿＿＿＿＿＿＿＿＿＿＿＿＿＿＿

寒　假：＿＿＿＿＿＿＿＿＿＿＿＿＿＿＿＿＿＿＿＿＿

學分班：＿＿＿＿＿＿＿＿＿＿＿＿＿＿＿＿＿＿＿＿＿

九、您的其他意見

謝謝您的指教！ 46024